不法移民はいつ〈不法〉でなくなるのか
滞在時間から滞在権へ

ジョセフ・カレンズ
横濱竜也 訳

白水社

JOSEPH H. CARENS
IMMIGRANTS
AND THE RIGHT TO STAY

不法移民はいつ〈不法〉でなくなるのか——滞在時間から滞在権へ

IMMIGRANTS AND THE RIGHT TO STAY

By Joseph H. Carens

Japanese translation published by arrangement with
The MIT Press through The English Agency (Japan)Ltd.

目次

装幀＝小林剛　組版＝鈴木さゆみ

凡例

一　訳文中、〔　〕で記したものは、訳者による補足である。

一　「不法移民 illegal immigrant」「非正規移民 irregular immigrant」「無許可移民 unauthorized immigrant」「書類不所持移民 undocumented immigrant」について。移民法違反で入国、滞在、居住する移民を示す語として、原書では以上が用いられているが、その含意は異なる。「不法移民」は、かかる移民を非難する、あるいは貶める含意があるものとされることが多い。本書では、恩赦(amnesty)に批判的なスウェインがこの語を用いて議論する一方、エルシュテインは恩赦に（一定の留保をつけて）賛同する立場から、「不法移民」の語の使用を戒めている。

他の寄稿者はより中立的な語として、「非正規移民」をもっとも頻用している。「無許可移民」は、許可なく入国、滞在、居住している状態をとくに表すために用いられることが多い。「書類不所持移民」は、文字どおり、ビザなしあるいは有効期限切れビザで入国、滞在、居住している移民を指し、もっとも中立性の高い表現である。

本書の訳者解説では、「不法移民」を用いている。その理由はもっぱら、日本の読者にとって「不法移民」以外の表現に馴染みが乏しいことにあり、上記のような含意はない。

I　恩赦の根拠

〔非正規移民の脆弱性〕

ミゲル・サンチェスは、生まれ故郷での収入が少なく、日々の支払いに困る状態だった。彼は何年もの間、合衆国入国ビザを申請し続けたが、そのたびごとに却下された。二〇〇〇年、彼は密入国斡旋業者の手引きで、徒歩で合衆国に入国した。親戚や友人のいるシカゴまで自力で向かい、工事現場で働きはじめ、父親に送金した。週末はダンキン・ドーナツで働き、夕方には英語を習うために学校に通った。二〇〇二年、彼は近所に住むアメリカ生まれのアメリカ国民と知り合い、二〇〇三年に結婚した。現在四歳になる息子がいる。

サンチェスと妻子は、サンチェスが退去強制となることを常に恐れながら生活している。親戚の葬式に出るため他の街に車で行くとなると、ひどい緊張を強いられる。もし検問にあったら、もし事故に巻き込まれたら、サンチェスは退去強制ということになりかねない。飛行機で家族旅行することもできない。これまで息子はメキシコに住む祖父母に会ったことがない。その一方で、住んでいる地域では彼らは普通の生活を送っている。家を持ち、税金も払っている。息子は保育園に通い、夫妻は近所の親たちと親しくつきあっている。〔それにもかかわらず〕現行の合衆国の法では、サンチェスの資格を合法化する、いかなる実現可能な方法も存在しないのである。

サンチェスのエピソードは、本人を特定できないように細部を変えてあるが、実話である。北アメリカやヨーロッパには似たような話がいくらでもある。千百万人程度の非正規移民――正規の許可なく領土内で生活する非市民――が合衆国内に定住している。ヨーロッパの非正規移民については、数こそより少ないが、実態は合衆国のそれと同様である。彼らは地中海南岸諸国や東ヨーロッパを通ってやってくる場合もあるし、正規のルートで入国したのち、有効期限切れのビザで滞在している場合もある。ミゲル・サンチェスと同様、彼らは仕事を見つけ、家族を持ち、普通の生活を送っている。しかし、ある重大な一点で普通ではない。すなわち、退去強制の恐れを抱えながら生活するという脆弱性（vulnerability）である。

リベラル・デモクラシーは、非正規移民の脆弱性の問題にどのように答えるべきか。発見し次第、国外に追放すべきなのか。それとも、少なくとも彼らが一定期間滞在している場合には、共同体の一員として受け入れ、法的滞在資格を与えるべきなのか。それとも別の方策――処罰や制約条件の下で彼らに永住への道を開く〔本書解説Ⅱの四で説明するように、アメリカでは、一九六五年移民法改正ののち、長期に（五年以上）国内に居住しつづけていて、犯罪歴がなく、雇用されているなどの条件を満たす不法移民を合法化する一方、新たな不法移民の入国を防止するために国境警備を強化するという対応が、幾度かなされている〕――をとるべきか。

私は、（条件付きで）第二の解答が正解であると考えている。非正規移民が長期間定住している場合には、恩赦が与えられる――住民としての法的資格をもって在留することを許される――べきである。子どものときに入国していること、ホスト国の国民や永住者との結婚など、一定の条件が備わった場合には、彼らの滞在を認める道徳的要求はより切実で強いものとなるだろうが、しかしもっとも考慮すべきなのは、定住しはじめてどれだけの時間が経過しているかである。

〔非正規移民を逮捕・追放する国家の権利〕

この本の読者のほとんどは私と同じアメリカ人であろう〔私自身はカナダ人でもある〕が、私は〔北アメリカに限定せず〕リベラル・デモクラシー諸国一般に通じる問題を提起したい。なぜならこれらの国々は共通の原理や価値を分かち持っているからである。アメリカ〔あるいはイギリス、フランス、カナダ〕特有の法的伝統、歴史、状況により、非正規移民の扱い方が変わってくることはありうるが、一方でそこには共通の道徳的コミットメントが存在し、それが受容可能な政策を制約している。われわれが属するより広い道徳共同体のことを、時折思い起こすのは有益でありうるし、のちに見るように、この問題〔非正規移民の扱い〕をめぐっては、アメリカ人はヨーロッパの人々から学ぶべきことがある。

国家は、誰に入国許可を与えるかを決める権利と、正規の資格なく定住している移民を拘束し退去強制とする権利を有する。ほとんどの人々はそのように考えている。ひとまず国家と国境に関するこの慣習的な認識を前提とすることにしよう。そして、それでもなお、非正規移民に法的滞在資格を与えることが道徳的義務だという場合はないか、考えてみることにしよう。非正規移民の道徳的要求が、この共通認識を踏まえたとしても、強靭なものであることが、のちに明らかになる。

〔滞在期間の長さが滞在権の存否を左右する――グリモンドとンの事例〕

ミゲル・サンチェスが合衆国に来てからほぼ十年経っている。この時間の長さは、サンチェスの在留に対する道徳的要求〔が根拠を持つかどうか〕に影響するのだろうか。滞在期間の長さは無関係だと説く者もいるし、滞在期間が長くなればなるだけ、罪は大きくなり、退去強制となるのがよりふさわしくなる、とまで言う者もいる。しかし私の考えでは、逆が正しい。滞在期間が長くなればなるだけ、在留する道徳的要求は強靭なものとなるのだ。

マーガレット・グリモンドの場合を考えてみよう。彼女はアメリカ生まれだが、幼くして母とともにスコットランドに移住した。八十歳のとき、グリモンドは家族旅行で、オーストラリアへ行くことになった。彼女がイギリスを出国したのはそのときが初めてだった。彼女は新たに発給されたアメリカのパスポートを使った。イギリスに帰国した際、入国審査官は、彼女にイギリスに滞在する法的権利がなく、四週間以内に国外退去しなくてはならないと伝えた。要するに、グリモンドは、そのときまでイギリスの法的な定住権を獲得せずにおり、そのため、幼少期から八十歳に至るまで、非正規移民だったということになったのだ。そして彼女自身、旅行のためにアメリカのパスポートの発給を受けていたのであるから、自らがイギリス国民でないことははっきり自覚していた。

新聞が彼女の話を報じるようになる——そして、国際的に注目されることとなる——に至って、グリモンドの在留は許可された。この事例について法の専門的知識から言えることが何であるにしても、彼女が長年住み慣れた場所から離れるように強いるのが、いかに道徳的に愚かしいか、すべての人々（一部の役人を除いて）には明白であった。彼女はこの間ずっと非正規移民であったのかもしれないが、そのことがもはや問題でないのは明らかだった。

グリモンドが道徳的に滞在権を有するのは、二つの理由による。一つは彼女が幼少期にイギリスに入国したこと、もう一つは彼女がきわめて長い期間滞在していたことである。〔一つ目の理由について〕グリモンドが子どものときにイギリスに入国した以上、イギリスに住むことに決めたことの責任は〔彼女の親にあり〕彼女にはない。彼女はイギリスで育ったことにより、その法的資格によらず、イギリス社会のメンバーとなったのだ。このような社会的メンバーシップ（social membership）の重要性は、一九八一年イギリス国籍法すら、暗黙に認めている。一九八一年国籍法は、国籍取得条件をさまざまな形で制限しており、なかでもイギリスの領域内で出生した者は誰でも、その国民となるという伝統的ルール（出生地主義）を放棄した（アメリカとカナダではまだ維持されている）。国籍を自動的に取得するのは、国民・永住者の子だけということになったにもかかわらず、その国籍法でも、イギリスに生まれ、出生して最初の十年間イギリスで育った者については例外としている。国とそれだけ強い紐帯を持つ者を退去強制とすることを、イギリスは望んでいないように見える。

イギリス国籍法の十年ルールの背後にある基準は、受け入れざるをえないものである。だが、ある国に生まれていないが、その国で十年間未成年期を過ごした子には、同じ基準がよりいっそう当てはまる。このことをイギリス国籍法もほとんどの国の法も認識していない。六歳から十六歳までの十年間（あるいは八歳から十八歳までの十年間）のほうが、出生して最初の十年間より、住んでいる国と実質的なつながりを形成する上で、ずっと重要である。未成年期の後期は、社会から見て、もっとも重要な期間——教育とより広い社会化のための人格形成期——である。ある民主的社会で育てられてきた者は、その社会のメンバーとなるのであり、彼らの社会的メンバーシップを認めないのは、残酷で不正なのだ。両親が公的許可なしに子を連れてきたからといって、その子が育ち、社会的人格形成を行い、自らにとってもっとも重要な人間的つながりを持つ場所から、立ち去ることを強いるのは、道徳的に間違っている。しかしながら、北アメリカとヨーロッパの現行の法的ルールは、多くの若者をまさしくそのような危険にさらしているのである。

正規の資格を有さないことが時の経過とともに〔社会的メンバーシップを認めるか否かを判断する上で〕重要でなくなるという原理は、若年期に入国した者にはもっとも明確にあてはまる。しかし、グリモンドの事例の第二の要素――彼女がイギリスで生活してきた時間の端的な長さ――もまた、〔彼女に滞在権を認める〕強力な理由となる。もし彼女が二歳のときではなく二十歳で入国したのだとすればどうなるだろうか。二歳か二十歳かという違いが、六十年後の退去強制を受け入れるべきか否かを左右すると考える者が、本当にいるだろうか。グリモンドの事例が示しているのは次のことである。不法入国した者であっても、一定期間を超えて滞在すれば、その後に退去強制とするのは道理に反するものとなるのだ。

ではその「一定期間」とはどのくらいの期間か。グリモンドが八十歳でなく六十歳であったとしたらどうか。その違いによって、彼女の滞在への道徳的要求が弱くなるなどということがあるだろうか。そんなことはないと私は考える。グリモンドが四十歳であったとしたらどうか。彼女の事例が持つ痛切さは明らかに減るだろうが、しかし基本原理は変わらない。長く生活してきた場所を立ち去るように強いるのは、根本的に間違っている。ほとんどの人間は、生活しているところでこそ深い人間関係を形成する――つまりそこが故郷になるのだ。仮に成人として入国したのであったとしても、十五年ないし二十年ものあいだ、社会のメンバーとして貢献してきた人間を、移民制限の実行の名の下に、追放するのは冷酷で無慈悲だと思われる。このような退去強制による害の大きさは、不法入国の不正のそれとはまったく釣りあわない。

苦難が過ぎ去ったとき、グリモンドは安堵の気持ちを吐露した。「アメリカに移住するのは不安でした、アメリカには友達も家族もいないのですから」。アメリカに移住する将来がひどいものだとはふつうは考えない。しかし、グリモンドが感じたに違いない恐怖と不安を思ってみてほしい。そして、きわめて長期間定住したのちであっても、退去強制とされる可能性があり、実際そうされている非正規移民の現実を思ってみてほしい。グリモンドの事件がきわめて衆目を集めたのは、彼女にとって幸運であった。もしそうでなかったとしたら、入国管理当局は、彼女を「故郷」に送り返していてもおかしくなかったのである。

グリモンドの事例は、国家が非正規移民を退去強制とする権利を有するという主張を何としても守り抜こうとする者たちに、とくに厳しい挑戦をつきつけるものである。しかしグリモンドの〔滞在への〕道徳的要求は、彼女だけに限られたものではない。ヒウ・ルイ・ンは、十七歳のとき両親とともにニューヨークにやってきた。観光ビザの有効期限が切れたのち、彼は難民申請を行い、申請が審査されている間、労働許可を得た。最終的に難民申請は却下されたが、ンは何年にもわたって生活をやりくりしながら、地元の高校、さらにコミュニティ・カレッジに進学し、コンピューター技師としての技能を身に着けた。彼はアメリカ市民の妻と結婚して二人の子をもうけ、クィーンズ市に家を買い、エンパイアステートビルで仕事を得た。二〇〇七年、間違った法律相談に従って、彼は移民局へ出向きグリーンカードを申請した。移民関税捜査局は彼を勾留し、退去強制手続を開始した。結局、彼は国外退去となるまえに死んだ。ンの話はニューヨークタイムズ紙に掲載されることになったが、その主な理由は、ンが勾留中、看守から虐待され無視されたことにある——彼は脊椎損傷と肝臓癌を患っていたにもかかわらず、亡くなる五日前までその診断を受けられずにいたのである。しかし、そもそも、なぜ合衆国はヒウ・ルイ・ンを退去強制にしようとしたのか。彼は、合法的移民としての資格を除いて、あらゆる面でアメリカ人であったのである。

ンの退去強制とならないことへの道徳的要求は、グリモンドと同じく、二つの要素を有しているが、細部は異なる。ンがアメリカにやってきたのは幼少期ではなかった（両親に連れられてきたのではあったが）ので、彼の少年時代の社会的人格形成が合衆国でなされたわけではない。しかし一方で、ンはミゲル・サンチェスと同様、アメリカ国民と結婚している。結婚は、結婚する相手とだけでなく、相手が属する共同体と、深いつながりを生み出すものである。

各自が自らの家族とともに生活することは、人間の基本的利益である。家族生活の権利は、ヨーロッパのさまざまな法において基本的人権として認められているし、家族の価値への関心は、ここ数十年、アメリカの政治的レトリックのなかで中心的役割を果たしている。すべてのリベラル・デモクラシー諸国では、家族再結合原則が認められている。つまり、国民と合法的定住者は、一般に、外国で暮らす彼らの配偶者や未成年の子といっしょに生活することができなくてはならないし、このことは国家が移民受け入れにおいて有する、通常の裁量権に優越するのである（事実、ンが永住権を申請したのは、この家族再結合原則に基づくものだった）。一度ンがアメリカ国民と結婚してしまえば、彼の合衆国とのつながり、彼が合衆国で生活する利益、彼の配偶者が合衆国で生活する利益、すべてが新たな意義を有することになり、国家が移民法を執行しンを退去強制とする利益を大きく上回ることになる。（私がこの論文〔八頁〕で前提としたように）たとえ国家が移民法を執行する権限を一般に有しているとしても、法執行が、ンのような事例でどのような害悪をもたらすか考慮せずになされることは、正しくない。もし非正規移民が国民や合法的永住者と結婚しているのであれば、彼あるいは彼女は、退去強制とされてはならないのである。

ンはアメリカ国民と結婚することにより、合衆国内に在留する道徳的要求を有することになる。しかし、このことに加えて、ンがすでに合衆国に長く定住しており、したがって社会のメンバーとなっているということだけでも、滞在への強力な道徳的要求が成り立つ。グリモンドと異なり、ンはアメリカに七十年にわたって居続けていたわけではない。しかし彼は合衆国で十五年間犯罪歴なく過ごしており、教育を受け、労働し、社会的つながりを持ち、人生を築き上げてきたのである。

十五年というのは、人間の一生において長い時間である。十五年のうちに、配偶者やパートナー、息子や娘、友達や隣人や同僚、われわれが好きな人や嫌いな人とのあいだで、社会的なつながりが育ってくる。多くの経験が積み重なっていく。〔成長して〕誕生日を迎え歯列矯正をする。声のトーンも、ユーモアのセンスも変わる。公園や街角の店、道の形や木々から零れ落ちる日差し、花々の香りや方言の響き、夜空を彩る星々や空気のおいしさ。これらの経験すべてが、生活に目的と質感を与えるのである。十五年のあいだに人間は生活している土地に深く根を下ろす。そして、その土地に植木することが、そもそも許可されていなかったのだとしても、その根の深さは重要である。ンの社会的メンバーシップの道徳的重要性は、移民制限を実行することの重要性を上回るのである。

〔社会的メンバーシップこそが永住権・市民権の根拠である〕

非正規移民を捕らえ退去強制とする国家の道徳的権利は、時間の経過とともに失われていくものである。非正規移民が長く定住すればするほど、その社会での彼らのメンバーシップの道徳的重要性は大きくなる。それにつれて、彼らが資格なしに定住したことは、重要でなくなるのである。〔定住期間が〕閾値を超えたところで、非正規移民の現実の社会的メンバーシップを法的に承認するよう道徳的に要求されることになる。彼らには永住する法的権利とそれに付随するすべての権利が認められるべきであり、その権利のなかには、いずれ望めば市民権を獲得できることも含まれる。

しかし移住者が法的資格なしで社会のメンバーになるなどということが、なぜ可能なのか。それは、社会的メンバーシップ〔を有するか否か〕が公的許可〔があるかないか〕に依存していないからである。このことが本論文の議論の核心である。ある社会で生活し労働し子どもを育てる人々は、その法的資格が何であれ、その社会のメンバーとなるのだ。彼らが見つけだされた場合でも、国外追放してはならないと考えるのは、このような理由による。彼らが国内にいるのは法に反したことかもしれないが、しかし彼らが、窃盗犯や殺人犯と同じ意味で、犯罪者であるわけではない。いったんメンバーとなったからには、彼らを退去強制とするのは誤りである。彼らを国外追放とすることを望む、あるいは彼らと同様の移民が流入するのを食い止める十分な理由がある場合でも、そうである。

時間が経過するとともに、人々が入国した事情〔正規の移民であったかどうか〕は重要でなくなってきており、最終的にはまるで問題とならなくなる。そのことは、一九七〇年代のヨーロッパにおいて認識されていた。当時、もともと「ゲストワーカー」として入国を認められていた人々にも定住者資格が与えられていた。一定期間経てば帰国することが明確に予期されていたにもかかわらずである。むろん、ゲストワーカーの滞在要求は非正規移民よりいくぶん強い根拠を有するものではある。彼らは招かれて入国してきたのだから。しかし〔ゲストワーカーと非正規移民の〕このような事情の違いは決定的なものではない。何といっても、ゲストワーカーが永住することは、そもそもの入国資格と抵触しているのである。道徳的に重要なのは、〔入国資格ではなく〕彼らが、社会のメンバーとして自らを確立しているかどうかなのだ。

〔何年間定住すれば滞在権が得られるか〕

〔滞在権を認めるか否かを決める上で〕定住期間こそが肝心であるという私の議論は、〔滞在権を認める方向と斥ける方向〕両方の方向に機能する。定住期間にある閾値があり、それを超えると定住する非正規移民を追い出すのが誤りということだとすると、この閾値を超える前の期間というものも存在することになる。では、非正規移民の滞在への道徳的要求が強固なものとなるまでに、どれだけの期間が経過していればよいのか。逆にいえば、国家が非正規移民を逮捕し国外追放とすべきなのは、どれだけの期間が経過するまでか。

　この問いに明確な答えは存在しない。道徳的要求が強くなっていく過程は、連続的なものである。しかしある時点まで至れば、その強度は十分なものとなって、それ以上の時間の経過は重要でなくなる。これまで挙げた事例からすると、〔滞在要求の強度が十分なものとなるのに必要な定住期間として〕十五年あるいは二十年というのは、長すぎる。十年が上限であろう。五年間、有罪判決を受けることなく定住しつづければ、その人が社会の信頼できるメンバーとなるために十分であると考える。しかし逆に、一、二年の定住では十分でないというのも妥当と思われる。

このような分析がもたらす政策的含意は以下である。国家は、〔不法移民対策において〕たまに大規模な恩赦を出し〔不法移民の滞在を許可し〕たり、ケースバイケースで滞在権を付与したりするのをやめるべきだ。決まった期間、たとえば五〜七年間定住したのちに、非正規移民としての地位から合法的移民としてのそれへと切り替える個人権を、移住者に認めるべきである。

定住期間の長さをいかに証明するか問題となりうるが、この問題が克服できないわけでないことは、過去の実践が明らかにしているところである。たとえば、フランスでは、国内に最低十年間、住みつづけたことを示すことができる者には、合法的定住資格を得る権利を認める政策を、長年にわたってとっていた。二〇〇三年に右派が政権を握り、国家の裁量をより広く認め、移民受け入れをより制限する移民政策がとられた。しかしこのような政策転換へと駆り立てたのは移民に敵対的なイデオロギーであって、それまでの政策が非正規移民を増やしたからというのでも、他の問題を引き起こしたからというのでもなかったのである〔サルコジ内務大臣（当時）の下、二〇〇三年移民法（「移民の抑制、フランスにおける外国人の滞在及び国籍に関する二〇〇三年十一月二十六日の法律第二〇〇三―一一一九号」）が制定され、選択的移民制への転換と非正規移民の取締強化がなされた。その際、非正規移民が大都市郊外の治安悪化の原因であることが盛んに喧伝された（東村　二〇一〇、一三八頁注3）〕。

同様に、メイ・ナイが本書に寄稿した論文で指摘しているように、合衆国も長いあいだ、一定期間合衆国に居住しつづけた人々については、退去強制とするのを制限することを慣例としてきた〔本書四八頁以降〕。二十世紀中の長きにわたって、アメリカ政府当局は、国内に継続して十年間住んでおり、雇用されていることや犯罪歴がないことなどの条件を満たした移住者（非正規移民を含む）に、永住者資格を与えることができた。同じルールの下では、アメリカ国民や定住者と家族の絆を有していることが〔永住者資格付与において〕積極的に評価された。とはいえ、フランスの移民政策と異なり、アメリカの移民政策はつねに当局の裁量に依存していた。移住者にその地位を合法化する法的権利は与えられず、裁量権行使が人種差別的なものであることも多かった。それはナイが指摘しているとおりである。

しかし、このような形の恩赦がごく頻繁に与えられていた〔ことが重要である〕。それは、フランスの移民政策と同様、私が本論文で擁護した道徳原理を踏まえている。つまり、人々は、たとえ許可なしに定住しているとしても、時間を経ることでわれわれの共同体のメンバーになるのであり、このメンバーシップは法的に承認されるべきだということである。近年、移民反対派は、〔非正規移民に恩赦を与える〕裁量権行使に対して立法的制約を設けるようになってきており、政治力学のなかで行使できる機会はさらに制限されている。このような移民法制の下で、非正規移民が合法的地位を獲得することは、かつて以上に困難である。しかしそれにもかかわらず、時間の経過こそが滞在への道徳的要求を生み出すという原理は、法のなかに生き続けている。

非正規移住者がいつ在留する法的権利を有するに至るか、その時期を特定しようとすると、どうしても恣意性を孕まざるをえない。四年あるいは六年ではなく、五年〔という定住期間〕を選ぶことが、基本原理から引き出される、などとうそぶくことはできない。〔望ましい解決策に〕一定の幅があり、しかしある一点に定める必要があるなかで、いかに調整を図るか。それは〔原理の問題ではなく〕社会心理学の問題である。しかし、なぜ一年でも十五年でもなく、五年なのかという問いに対して、一年では短すぎ十五年では長すぎると答えること、そしてその根拠を、人々が自らが住む社会にどのように根付いていくかについての共通理解の下に与えることは、より容易であろう。

〔なぜ社会的紐帯の実質でなく定住期間で判断すべきなのか〕

私の解決策が、新しい社会で移住者が築く社会的紐帯が実際にどれほどの広がりと強さを持っているかではなく、時間の経過を重視するものであることに、当惑する向きもある。時間の経過、ジーン・エルシュテインの本書寄稿論文にいう「年数そのもの」〔本書八〇頁〕、にのみ着目するのは、本当に正しいのか。

このような懸念ももっともではある。各自が〔自らが暮らす共同体に〕愛着を持ち、共同体のメンバーになっていくのにかかる時間は、人によって異なる。また退去を強制することで生じる害悪も、人によってさまざまだ。重要なのは、時間の経過それ自体ではなく、時間の経過が一般に、人間生活の進展に関する何を意味しているのかである。たとえば、正規の在留資格を得ることを望む国でどのような社会的人格形成を行ってきているか、国民や合法的定住者と結婚しているか、犯罪歴がないか、雇用歴はどうか、といった条件をとくに重視するというのは、適切である。しかし、共同体への帰属のあり方を判断するより広い基準を打ち立てようとするのは、間違いだ。さらに、個々の移住者が、滞在権を与えるべき閾値を超えて共同体に帰属しているか、その判断の裁量を、より広く、当局に与えようとするのは、きわめて大きな間違いである。

このようなより複雑でより裁量に委ねた解決策になぜ私が反対するか。その一部は、効率性の問題である。法的権利や法的責任を割り当てる際、投票権や婚姻する権利の場合と同様、一般に国家は一人ひとりの能力を調べたりせず、〔十八歳以上の国民全員に投票権を与える、というように〕権利や責任の享有と時間経過の客観的基準とを結びつけるルールを設ける。個々人の能力をより微細に調べることから得られる利得はあまりに小さく、その調査のために必要な公的資金の支出に見合うものにならないのである。非正規移民の〔社会的〕メンバーシップの深さがどの程度のものか、当局が個々に調査することについても、同じことがいえる。

しかしよりいっそう重要なのは、特定の個人がどの程度共同体に帰属しているかその程度を、当局に証明させるということになれば、個々人の尊重というリベラル・デモクラシーの規範的コミットメントと衝突してしまうことである。裁量基準が、（意識的であるか否かによらず）差別的に解釈され適用されることを危惧すべき十分な理由が存在する。さらに、個々人の社会への所属がどれだけ深いものであるか、当局が繊細に判断できるなどと考えるのは、ややあつかましい。

〔滞在権を根拠づける別の道徳的議論――共犯性・普遍的人権〕

これまで展開してきた議論は、移民を統制する国家の権利を制約するものであって、否定するものではない。政府がそもそも移民の入国を拒む道徳的・法的権利を有していること、そして許可なく定住する者を、定住後比較的早い段階にかぎり、退去強制とする道徳的・法的権利を有することをまったく否定してはいない。しかし同時に、私が示した恩赦の根拠は、あくまで最低限のものでしかない（間違いなく、多くの人にはそうは見えないだろうが）。私が特定したのは、非正規移民の退去強制と排除に対する一般的な道徳的制約のいくつかでしかなく、非正規移民への責任を生み出し、国家の退去強制権を制約しうる道徳的議論のすべてではない。

そういった道徳的議論のうちの一つによれば、国家は非正規な移住の共犯者である。

多くの者が次のように説く。富めるリベラル・デモクラシーの国家は、非正規移民が退去強制とされるべきことを、公には高らかに謳いながら、実際のところはそうしたくないのだ。受け入れ国の立場からすれば、移住者が非正規移民の地位にあるからこそ、労働者として好都合なのである。つまり、彼らが脆弱な立場に置かれているゆえに、御しやすく搾取しやすいのである。もしこの話が本当だとしたら、「非正規移民は、政治共同体の同意なしに国内にいるのであって、それゆえ合法的移民と同じ権利を有する資格がない」などという議論は掘り崩されることになる。ある国が裏から移民の入国を後押ししているという場合には、その国は非正規移民たちに、彼らがおおっぴらに雇用されていたなら得ていたはずの地位と法的権利を与えなくてはならない。たとえ国家が露骨に非正規移民を雇い入れようとしているのではなく、移民法や移民規制の強制をできるのにしなかっただけであるとしても、その不作為に対して相当大きな責任を負うことになる。

国家が非正規移住と共犯関係にあるということは、〔非正規移民の滞在権を認める〕恩赦の道徳的根拠を強化するものである。そしてこのことは原理の問題にとどまらない。スペインやイタリア、さらに合衆国においてすら、国家が非正規移民の流入の共犯であるという認識こそが、これまで、非正規移民合法化への人々の支持を生み出してきたのである。

しかし、如上の共犯性〔から滞在権を裏付けようとする議〕論を濫用してはならない。その理由は三つある。第一に、国家が非正規移民と共犯関係にあるという議論が意味をなすのは、国家の作為（あるいは不作為）で非正規移民の数に何らかの変化がもたらされる場合だけである。理論家が述べているように、移民の流入が、国家の統制をこえる構造的要因により決まってしまっているという分析が存在するが、そうであるかぎり、非正規移民の入国や定住を食い止められなかったことに対して、国家の責任を問うことはできない。国家の政策が実効的でない、あるいは逆効果だという批判は成り立つが、共犯だと批判することはできないだろう。

第二に、非正規移民を雇いたいという使用者が受入国内に存在するということだけで、国家が非正規移民の共犯だとすることはできない。領域内のあらゆる国民や企業の欲求や行動に、国家が責任を負うべきなどと考えることはできないからである。国家の共犯性が成り立つのは、表向きの政策とは異なって、非正規移住を助長したり、許容したりする場合だけである。たとえば、移民労働者の採用期に〔非正規移住の〕取締を緩くする場合には、共犯性が成り立つ。しかしこのような事態が時に生じることはあっても、いつでもというわけではない。

第三に、許可なき移民を防止できていないという理由だけで、国家を〔非正規移住の〕共犯として責めることはできない。あらゆる法執行は一定の割合で失敗するものである。国家による無許可移民の防止や、見つけだした非正規移民の追放が、うまくいかないことを正当化する事情は、他にも存在しうる。たとえば、合衆国や南欧における移民排除〔不法入国の防止〕はすでに行き過ぎで、多くの生命が犠牲になっていると説く者もある。仮に出入国管理当局が、生命を救うための方法として、取締を緩くするということがあったとすれば、それに反対して、当局を移民の流入を促した共犯として非難すべきではない。同様に、有効期限切れのビザで滞在しつづけている者が存在しているからといって、そのことだけで国家が無許可移民を助長しているということにはならない。貧困な国家から富裕な国家への訪問者は、容赦ない、差別的な入国規制にすでに直面している。そのような訪問者のいくばくかが期限内に出国しないからといって、さらに規制を強化するというのでは、訪問者に対してかかる負担が大きすぎ、非正規移民規制の方法として擁護できない。

非正規移民を規制するという目標の正統性を受け入れる場合でも、規制する方法については、さまざまな道徳的考慮に基づいて、つねに制約がある。その制約を守った結果、非正規移民が増えたからといって、そのことが国家が非正規移住の共犯であることの証拠となるわけではないし、無許可の定住を規制する国家の権利を掘り崩すわけではない。意図的に取締の度合いを緩めたり厳格さを上げ下げしたりするような、実際の共犯行為こそが、非正規移民を退去強制とする国家の権利を掘り崩すのである。

〔法執行が一定の割合で失敗すること、過度な移民排除や入国管理が控えられるべきことのほか〕非正規移住の防止という目標の追求方法を制限する他の道徳的考慮としては、非正規移民に対して、その地位にかかわりなく、さまざまな法的権利や法的保護を与える国家の義務が挙げられる。たとえば、国家は領域内に存在するあらゆる人を、暴力や窃盗から保護すべきである。これは基本的人権の一つである。そして国家は領域内のすべての者について、この基本的人権を保護する義務を負う。そのことは、その人が国民であろうと居住者であろうと訪問者であろうと変わりがない。また、その人がどのような入国資格を有するか、どれぐらい長くその国にいるかにも左右されない。

基本的人権は、ある人が人間であることだけから引き出されるものであり、基本的人権を保護する国家の責任は、その人が領域内にいることだけから生じてくるものである。その意味では、基本的人権保障の道徳的要求は、恩赦への道徳的要求――こちらは規定年数以上の居住に基づく社会的メンバーシップから生まれてくる――とは、まったく異なっている。それゆえ、〔リンダ・ボスニアックが本書で説いているように〕彼らが退去強制命令の対象であるにもかかわらず、基本的人権を享有すべきと述べることに、矛盾がある〔本書七一頁〕、というわけではない。

退去強制のおそれがある非正規移民は、自らの〔非正規移民としての〕地位を当局に知られたくないがために、自らの人権を主張し、人権が侵害された際に法的救済を求めることに対して消極的になる。ボスニアックはこのことを正しく指摘している。移民が恩赦の対象として適格性を有する前にも人権侵害が起こりうる以上、私の恩赦の提案は、その〔非正規〕移民の人権問題を十分に解決するものではない。このことについても、私はボスニアックに同意する。

この問題に、〔ボスニアックが提案するような〕滞在期間の長さを問わず移民に恩赦を与えるという解決策をとらずに、対処する方法がある。移民規制と移民の法的権利の保護とのあいだに、法的ファイヤーウォールを設けて、移民の基本権保護・実現の責任を負う機関が集めた情報を、移民規制目的では使えないようにすれば良い。人間は、逮捕・退去強制されるおそれなく、人権を行使できるよう保障されなくてはならない。非正規移民が犯罪の被害者あるいは目撃者となって、警察に行き、犯罪を通報し、証人となる。そのことが、逮捕・退去強制される可能性が大きくなるかもしれないという恐怖なしに、できなくてはならない。救急医療が必要となったときには、病院が彼らの身分を移民法の執行に関わる者たちに伝えてしまうことを心配せず、助けを求めることができなくてはならない。ファイヤーウォールの議論は、移民の権利を純粋に形式的なものでなく、現実のものとするのに寄与するのである。

非正規移民を退去強制にすることと、非正規移民の権利を保護することとのあいだには、緊張関係がある。しかし、ルールを実行することと、ルールを破っていることが疑われる人々の権利を保護することとのあいだにも、つねに緊張関係があるのである。われわれは、このような緊張関係をそれなりにうまく解決していく方法を、経験から知っている。たとえば、合衆国には、違法収集証拠を刑事裁判で用いることを禁じるルールがある。このようなルールがあるおかげで、ルールがない場合よりも、違法な捜査に対する基本的な法的保護への権利をより実効的なものとすることができる。ファイヤーウォールの議論は、違法収集証拠排除ルールと同様、それによって保護される人々の人生に大きく影響する。それが完全に機能することがないとしても、彼らの脆弱性と搾取を劇的に減らすだろう。

〔非理想理論としての不法移民滞在権論〕

なぜもっと先へ進まないのか。なぜ滞在期間の長さによらず、希望するあらゆる者に恩赦を与えようとしないのか。〔このような疑問をふまえて〕ボスニアックは以下のように考えている。私が、国家が移民許可を統御する権利を有するという前提を受け入れており、開放国境を擁護する、かつてのより理想主義的議論から、より「現実主義的」で「プラグマティック」な立場へと後退していると〔本書七五―七六頁〕。ある意味では、私の恩赦の議論が現実主義的でプラグマティックだときいて、喜ばしい気持ちでいる。すべての人がそのように考えるわけではないのだから〔私の恩赦の議論ですら、理想主義的すぎると捉える向きもあるだろう〕。しかし、私はボスニアックの診断を受け入れることはできない。

恩赦の問題に対する私の議論は、そもそも政治的現実に対する譲歩ではない。国家が移民許可を統御する権利を有すると深く信じる人々と、真摯な対話を行う試みだ。私は私の開放国境論をなお信じているが、しかし民主主義では、不同意の下、〔異なる意見の者と〕共通の地盤を見つけだし、合意が成り立つ領域を探すことが、われわれの責務である。そのための一つの方法は、相手の考え方を前提とすることにより、時々において争われる問題の範囲を限定するというもので、この論文で私が行ったのはまさにそれである。正義は究極的には開放国境を要請すると考える者と、国家が入国管理を行う道徳的権利を有すると考える者、両者はともに、次の点では合意しうる。いったん長期にわたり定住した人々は、〔社会的〕メンバーとなり、メンバーとして認められるべきである。これは開放国境を暗に擁護する議論ではない。なぜならこの議論は、メンバーシップのあり方についてのものであって、普遍的人権についてのものではないからだ。社会に居住する者が時間を経るにしたがって有する〔滞在への〕道徳的要求について私が示した議論は、開放国境論とはまったく独立のものである。

〔寄稿論文の反論に答える〕

ボスニアックが、私の示した恩赦の根拠があまりにプラグマティックすぎると懸念していたのに対して、他の論者はそれが十分にプラグマティックでないことに懸念を抱いている。前述のとおり、そもそも本論文における私の議論の原動力は、プラグマティックな関心ではない。ダグラス・マッセイが本書に寄稿した論文のなかで、正しく力説しているように、無許可移民のもたらす、公共政策レベルでの広範な問題に真剣に取り組むためには、その問題が個々の文脈でどのような歴史や特質を有するかを考慮しなくてはならない。この〔移民政策の〕領域において合衆国にとって鍵となる問題が、メキシコとの関係であることについては、マッセイや他の論者の言っているとおりである。マッセイの問題状況の分析や解決案には、全体として共感を持つ。しかし、私は政策課題についての専門家であろうとしているわけではない。私の目標は包括的な政策提案ではなく、移民政策の一側面たる恩赦の根拠について、その道徳的意味を強調することにある。

しかし、私が道徳的議論に焦点を当てているのは賢明でないと考える者もいる。アレックス・アレイニコフは、恩赦を支持する道徳的議論だけでなく、恩赦に反対する議論が存在することを指摘し、〔非正規移民問題については〕非正規移民の合法化を支持するプラグマティックな議論に局限すべきだと説く。たとえば、合衆国から千百万人の非正規移民を追放しようとすれば、どれだけの負担と社会的混乱がもたらされるかというところに関心を集中させるべきだと言うのである〔本書九〇―九一頁〕。私はこのような考え方には反対である。恩赦についてアレイニコフが挙げたプラグマティックな根拠は支持するが、恩赦の強力な原理的根拠があわせて示されるべきだと私は考えている。なぜなら、非正規移民の合法化に賛成する論者が、ほぼ完全にプラグマティックな根拠に頼る一方で、道徳的議論のほうは、公平性や法に対する敬意の名の下に合法化に反対する論者に任せっぱなし、という状況があまりにも長く続いてきたからだ。私は意図的に逆の論法をとっている。つまり、非正規移民は〔原理的にいえば〕合法的滞在資格を与えるに値しない、資格を与える唯一の根拠は、実用性や場合によっては〔非正規移民に対する〕共感に訴えることで示される、このような前提に異議を唱える議論を行ってきた。非正規移民がなぜ合法的資格を与えるに値するのかを、正義の問題として示すことが重要である。このような事情があるからこそ、私は「恩赦」という言葉――非正規移民合法化に反対する者が嘲笑をもって用い、賛成する者が通常使わずにいる言葉――を用いたのである。

私はこれまで、主に恩赦を支持する根拠に関心を集中してきた。しかし、長期に定住する非正規移民に合法的滞在資格を与えるという考え方に反対する道徳的議論も、傾聴に値する。

アレイニコフ自身がそのような議論の一つに言及している。「誰が自らの政治体のメンバーであるべきかを決める、人民の自己統治への道徳的要求」〔本書八九頁〕がそれである。集合的自己統治への道徳的要求が存在するというのはアレイニコフが言うとおりであるが、この要求は無制約のものではない。誰が所属するかを、単なる裁量による選択の問題として扱ってはならない。それは政治的権威による裁量であろうと、市民の多数による裁量であろうと同じである。アフリカ系アメリカ人、アジア系アメリカ人、そして先住民の子孫のアメリカ人は、自己統治を行う人々が所属に同意していないゆえに、社会の完全な法的メンバーたりえないという判断を、人民の多数、政治的権威、そして裁判所すら、さまざまな機会に繰り返してきた。それがアメリカの歴史における悲しい現実である。退去強制と恩赦についても、アメリカ史上そのような判断のパターンが飽きるほど繰り返されてきたことは、ナイの寄稿論文が想起させてくれているとおりである。われわれのすべてが、こんにち、その人種的・民族的差別の不正を認識している。私が主張しているのは、長期に定住している非正規移民をアメリカ人として認めるのを、われわれが集合的に拒絶することもまた不当であり、彼らを排除するのは不正だということである。このような不正が、人種的少数者だけでなく、すべての不法移民に〔平等に〕適用されているからといって、受け入れるべきことにはならない。そして、その不正を、民主主義の下、多数者が支持しているのだとしても、やはり道徳的に受容しえないのである。

恩赦に対する別の道徳的反論によれば、非正規移民の滞在を許容することは、ルールに従い、移住許可を待っている外国人に対して不公平であるということになる。抽象的にいえば、このような議論には説得力があるように見えるが、現実を考えるならば、その説得力は大きく減殺される。多くの民主的国家において、家族との血縁・婚姻関係も、特別の資格もない人々に移住許可を実際に与える仕組みはない。アメリカやカナダのように、合法的移民に対して積極的な国でも、現在の国民や定住者と近い家族のつながりのない非熟練労働者については、移住許可待ちの列はほぼ存在しない〔つまり移住許可の枠がほぼ存在しない〕。現在非正規移民として定住しているほとんどの人々について、合法的資格を与えられて入国する可能性は、そもそも存在しなかったのである。移住許可待ちの列などない、あるいはあったとしても動かない〔前に進まない〕状況で、〔正規の移民許可を〕待つべきだと言うことは、不誠実である。

おそらく恩赦に対するもっとも強力な道徳的反論は、それが違法行為に対して褒美を与えてしまうというものである〔そのような反論に対する第一の応答は以下のようなものである〕。移民を規制するルールが法であるというのはそのとおりであるが、それは自動車の運転を規制するルールと同じ意味においてである。速度制限を破ったドライバーは、不法運転者とか犯罪者とは言われない〔つまり移民規制は行政犯に関わるルールである〕。ほとんどの国々では、移民法違反は、行政犯的問題として扱われ、刑事犯とはされない。移民法違反が刑事犯ではないとすれば、移民法に違反した人々を犯罪者とするのは理に反する。

いずれにしても、一口に法といっても、それが防ごうとしている害悪と、それが維持しようとしている秩序により、きわめて多様であることを、われわれはみな認識している。殺人を禁ずる法は、窃盗を禁ずる法よりも重要であり、窃盗を禁ずる法は、自動車運転を規制する法よりも重要だ。移民を規制する法は、殺人や窃盗を禁ずる法よりも、交通規制のほうにきわめて似た性格を持っている。そのような〔移民規制や交通規制のような〕法は、有用な社会的機能を果たしているが、〔速度規制違反の場合と同じように〕たとえ一定数の違法行為がなされ、ほとんどの違反者が逮捕されなかったとしても、その機能はかなりの程度果たされるのである。法執行の目的からすれば、現実に危険をもたらす違反者に焦点を絞ることも意味をなす。たとえば、交通法規において、人命を危険にさらす飲酒運転や暴走行為を、移民法制において、テロ行為や犯罪に加担する者を、とくに取り締まることには意味がある。しかし、ありふれた違反〔車道を他の車と同じぐらいの速度超過で走行する行為や、就労のための非正規移民〕については、ルールだけは定めておいて、時折執行する程度でも、十分に秩序を保つことができるのである。

〔第二の応答として〕許可なく居住することは移民法に違反するが、そのことは違法行為がなされた幾年も経ったあとに処罰すべきことを意味しない。ナイがかつて別の論考で述べたように、刑法犯の公訴時効に関する法律と、長期に居住する非正規移民を退去強制としない政策とのあいだには、類似性がある。ほとんどの国々では、少なくともより罪の軽い刑法犯については、時間の経過が道徳的に問題となる〔つまり、道徳的にいって時効となる〕ことが認められている。ある者が一定期間〔多くは三年から五年〕逮捕され告発されなかった場合、当局はその犯罪の刑事責任を追及することはできなくなる。

なぜ国家は時効法を設けているのか。遠い過去の行為に対して、重大な法的帰結が起こるかもしれないと怯えながら無期限に生活しなくてはならないというのは、きわめて重い犯罪の場合を除いて、誤りだからである。〔制裁の〕脅威を長期にわたり維持することは、犯罪抑止の役には立たず、その一方で個人に大きな——その人が犯した罪に対して正当に見合う程度を超える——害をもたらす。実際になされた犯罪を訴追する国家の権力が、時間の経過により失われることを認めるのであれば、移民法違反を訴追する国家の権力が、時間とともに失われているというのは、よりいっそう理に適っている。なぜなら、移民法違反は、通常刑法犯としては扱われず、また刑法犯として扱われるべきでもないからである。

以上のことに関連して、非正規移民が普通の生活を送るうえで行っている行為を犯罪として扱うことについても慎重でなくてはならない。ほとんどの社会には、身元詐称や文書偽造を禁ずる刑事法がある。これらの法は、普通は、詐欺防止のため理に適ったものである。〔ところで〕いうまでもなく、非正規移民は行政上のあるいは法的な要件をみたすために、事実と異なる情報を用いることが多い。たとえば、非正規移民が自分のものでないソーシャルセキュリティ番号を使用者に伝え、使用者がそれを用いて源泉徴収を行うというような場合である。このような場合、非正規移民は自らの不法滞在を隠そうとしているのにすぎず、詐欺をはたらき他人を害することを意図しているわけではないことがほとんどである。彼らは、納税者が通常受け取る便益〔ソーシャルセキュリティや失業手当など〕を享受する権利がない場合でも、納税しているのである。彼らの行為は、杓子定規に解釈すれば、身元詐称や文書偽造を禁止する法に違反するものかもしれないが、これらの法が防止することを意図していたものではない。非正規移民を、これらの法の下で刑法犯として扱うことは、合衆国のいくつかの当局で行われているものではあるが、法的手続の濫用である。

国家が、移民法違反を刑法犯として扱う権限を有しているのと同様、非正規移民を詐欺に対する保護を狙いとしている法の適用対象と〔し処罰〕する権限を有している、というのは事実である。しかし、刑罰が予防することを目的としている害悪と、刑罰がもたらす社会的負担とを衡量するならば、そのような権限行使がまったく理に反することがわかるだろう。

恩赦の議論に対する最後の道徳的反論は、キャロル・スウェインが本書で示した次のようなものである。私たちは、非正規移民に合法的滞在資格を与えることと、「人種差別や理不尽な無関心がもたらす無視、むきだしの排除に苦しみつづけている同胞市民」〔本書六〇頁〕を支援することの、いずれかを選ばなくてはならない。スウェインだけがこのような議論を行っているわけではないし、私も恵まれない国民に対する彼女たちの関心を共有する。しかし、恵まれない国民の分け前を増やすために、長期に定住している非正規移民を退去強制とするというのは、根本的に誤っていると考える。

第一に、非正規移民が〔一定の時点で〕〔社会的〕メンバーとなり、合法的滞在資格に対する権利を持つに至るという主張を受け入れるのであれば、他の恵まれない集団のためにその資格を否定するというのは、端的に誤っていることになる。合法的資格を得ることが道徳的権利だというのに、メンバーにその資格を与えないのは、道徳的に許容できる政策案ではない。〔恵まれない国民を助けるという言い分で、特定のメンバーを排除する〕このような類の非難されるべき議論こそ、アフリカ系アメリカ人を法的に従属的地位に置くことを正当化するために、何世代にもわたって用いられてきたものである。アフリカ系アメリカ人の排除は、貧困な白人の分け前を増やすために必要だ――そのように説かれてきたのである。

定住する非正規移民を退去強制としても、アメリカ国民や合法的定住者のうち、もっとも専門的技能の乏しい人々の状況を改善するためには効果的でない。私の提案したファイヤーウォール〔が実現したあかつきに〕は、非正規移民と恵まれない国民との対立を、非正規移民を退去強制とするよりも、はるかに緩和するだろう。非正規移民は労働組合に加入することができるようになり、最低賃金や他の就労に関係する保護を享受できるようになる。そうなれば、彼らはより搾取にさらされずにすむようになり、使用者が国民や合法的定住者よりも非正規移民を雇用しようとする誘因も引き下げられることになるだろう。

最後に、恵まれない諸集団が共通の利益のために手を携えるようにするのでなく、彼らを引き裂き、対立させようとすることは間違っている。この点で、スウェインがマーティン・ルーサー・キングの『私には夢がある』演説を、私に対する批判において持ち出していること〔本書六〇頁〕は皮肉である。キングは、貧困者と公民権を持たない者との連帯を訴えた人であった。彼は、われわれが不正を見出すあらゆる場所で、その不正に立ち向かうべきと説いたのであった。キングが、長期に定住している非正規移民をアメリカ社会の合法的メンバーとして包摂していくことに反対する、ルー・ドブスやグレン・ベックや、「連邦議会のもっとも共和主義的議員たち」を、きっと支持するはずだなど、スウェインが本当に信じているのだとしたら、キング牧師の人生や仕事についての彼女の理解は、私のそれとはまるで異なっている。

〔不法移民の合法化は不法移民を増やさないか〕

私の道徳的議論に納得してくれる読者でも、長期の定住者に恩赦を与えることが、許可なき入国を助長してしまうのではないかと心配する者もいるだろう。この懸念を斥けるべきではないが、長期に定住する移民への恩赦がいかなる誘因を与えるか、それに関するあらゆる主張を、額面どおりに受けとるべきではない。私が提案したように、より広く恩赦を認めていくことで、実際にどのような影響がもたらされるかは、経験的問題であり、その答えはさまざまな要因に依存する。ここで、フランスが長年にわたりそのような政策を実行していたにもかかわらず、水門を開ける〔つまり、非正規移民がなだれこんでくる〕ことにはならなかったということを、思い起こしてもよいだろう。しかしもっとも重要なのは、恩赦の政策自体は、非正規移民がもたらすすべての問題に対する解決ではない、ということである。この広範な問題に対応する戦略にはたくさんのものがあるる。前述のように、成功する議論はどんなものでも、特定の文脈に依拠したものであろうし、貿易政策からビザ発給に至るまで、さまざまな構成要素を有するだろう。私が本論文で試みたのは、広範な問題の一側面、つまり長期に定住する非正規移民をいかに扱うべきかという問いについて、その応答を左右する道徳原理に注目するということだけである。

移民を規制する国家の権利の存在を基本的前提として受け入れたとしても、その権利は絶対的なものでもなければ無制約のものでもない。一定の時間が過ぎれば、非正規の移住資格〔で滞在していること〕が道徳的に重要なものでなくなる傍らで、それが引き起こす害悪は大きくなっていく。国家が非正規移民を退去強制とする権利は、彼らが社会のメンバーになっていくにしたがって弱まるのである。リベラル・デモクラシーの諸国家は、このことを認識し、一定期間定住した非正規移民に合法的滞在資格を自動的に付与するように制度化すべきである。

II　フォーラム

メイ・M・ナイ

〔退去強制と合法化――アメリカ移民法史と人種差別〕

ジョセフ・カレンズは、〔本書Iで〕無許可移民に対して恩赦を与える説得的根拠を示した。移住者は、合法的滞在資格を持たずとも、時間が経過するにつれ形成される社会的紐帯によって、事実上の社会のメンバーとなる。そのことをリベラル・デモクラシー諸国は認めるべきである。移民が合衆国内に長く滞在すればするほど、そこに在留する道徳的要求は強くなるのである。それゆえ、社会的包摂と不法移民としての地位の不整合をよりよく解決するのは、合法化であり、退去強制ではない。このようにカレンズは述べる。

カレンズは、リベラル・デモクラシーの社会を下支えする倫理的コミットメントを立脚点にして論じている。私は歴史的議論を付け加えたい。アメリカの移民政策の歴史が現代的文脈に照らして持つ教訓は、二つある。第一に、移民規制がなされる場合には、退去強制とともに合法化のための規定も必ず存在したということである。カレンズの議論は有益であるが、しかし〔アメリカ移民法史からすれば〕目新しいものではない。〔移民の〕合法化はつねに同じ原理に基づいてきた。つまり、滞在期間の長さと国民との家族的紐帯である。第二に、人種と合法化とのあいだには、おおまかな相関がある。十九世紀終わりから二十世紀半ばにかけて、合衆国が打ち出した無数の政策により、ヨーロッパからの非正規移民のいくばくかは合法的滞在資格を有することになったが、その一方で中国とメキシコからの非正規移民に対しては苛酷な政策がとられたのである。

合衆国建国時から、十九世紀のほとんどのあいだ、合衆国への移民は、開放するべきものとされていた。パスポートもビザも、移民定員も、グリーンカードも、国境警備も、退去強制もない制度を想像するのは、今日では困難なことかもしれない。最初の制限的な移民規制法は、中国人排斥法である。連邦議会で一八七五年と一八八二年に制定されたもので、当初は「モンゴロイドの」売春婦を、次いですべての中国人労働者を排除することとなった。その法執行のなかには、新規の移民に対する極端に厳しい尋問と、合法的滞在資格を持たない者の退去強制の両方を含んでいた。一八九二年、法律により、合法的中国系移民は、移民許可証の携帯を求められることになった。当局の求めに応じて許可証の提示がなされない場合、三人の白人がその合法的資格を保証しないかぎり、一年間重い労役を負う懲役刑に服したのち、退去強制となった。連邦最高裁判所は、フォン・ユエ・ティン対合衆国（Fong Yue Ting v. United States）判決で、外国人が入国し、在留できるのは、「議会の認可と許容、黙許」の下においてのみであると判示し、この許可証携帯要請を合憲とした。裁判所が無効としたのは、違反行為に対して重い苦役を伴う懲役刑を科す規定のみであった。

一八八二年には、連邦議会はさらに最初の一般的な移民法も制定し、罪人、精神障害者、白痴、生活保護対象予想者〔の移民〕は、合衆国から排除されることとなった。第一次世界大戦までに、移民排除のカテゴリーに、外国人契約労働者、「忌まわしい伝染性の病気」に罹った者、売春婦、一夫多妻者、無政府主義者も加えられた。このような外国人排除の背景にあったのは、政府財源の流出に対する関心と、〔公共〕道徳の汚染への不安であった。一八九一年に制定された最初の退去強制法では、入国一年以内で、入国前の原因により生活保護の対象となった外国人を、退去強制とすることが認められた。退去強制の費用は、望まれない移民を合衆国へ連れてきた元凶である汽船会社が負担することになった。このように退去強制は、国内に一定期間しか滞在していない人々にのみ当てはまるものと理解されていた。二十世紀初頭に議会は、一定のカテゴリーに属する人々について、退去強制の公訴時効を五年に延ばしたが、そこでも〔退去強制は滞在期間の足りない者のみを対象にするという〕この基本原理が踏襲された。しかし、そういった移民の定住や編入の考慮は、中国人には適用されなかった。彼らの排除は、中国人は生来同化不可能だという人種差別的論理に基づいていたのである。正規の許可のない中国人を退去強制とすることについては、時効が存在しなかった。

一九二〇年代に議会が、ヨーロッパからの移民に最初の数的制限を設ける法律を成立させたが、そこには各国ごとの割当を破るような移民についての、時効規定がなかった。このことは、合衆国が、国家主権の侵害と個々人の属性に基づく認可との間で、異なった態度をとっていたことをあらわしている。一九三〇年代初頭になると、移民、とくに合衆国内に長期にわたり居住したヨーロッパ出身の移民の退去強制に対して、大衆の抗議が起こった。労働長官として、移民法制を実行する責任のあったフランシス・パーキンズは、非正規移民の合法化を許容するさまざまな行政上の仕組みを考案した。一九四〇年代と五〇年代には、長期の居住、合衆国市民あるいは合法的移民との婚姻、退去強制が退去者や国内に残されるその家族に「苦難」をもたらすことを条件として、非正規移民の退去強制を一時的に停止し、彼らに合法的資格を与える法律を、連邦議会は制定した。データが示しているのは、これらのプログラムの下で合法化された移民は、ラテンアメリカ系やアジア系より、ヨーロッパ系移民のほうが圧倒的に多かった、ということである。とはいえ、イデオロギーが〔移民の扱いの〕人種による有利・不利をもたらすことも多かった。すなわち、第一次世界大戦後と第二次世界大戦後に行われた二度の大規模な「赤狩り」がとくに標的にしていたのは、ヨーロッパ系移民の急進派である。冷戦中、移民・帰化局（INS）は、合衆国内にいる在留資格を持たない中国人のうち、左翼は退去強制にしたが、共産主義との連帯を拒否した者は合法化したのである。

一九六五年ハート・セラー法の下、西半球諸国からの移民に数的制限が設けられたことで、メキシコや中米からの無許可移住が急増した。このことに対する反応は二つあった。一方には、不法移民に対するネイティヴィストの抗議があった。しかし他方では勢力を増していたラテンアメリカ系有権者が、彼らの承認と包摂を求めて政治動員を行ったのであった。一九八六年移民改革統制法〔新移民法〕は、これらの利害の競合に対応し、妥協を成り立たせたものだった。すなわち、既存の無許可移民に恩赦を与え、以降の無許可入国を防止するために国境管理を強化し、非正規移民の雇用を防ぐために雇用者への制裁を定めた（この雇用者の制裁規定は、まともに運用されなかったが）。この時期、ＩＮＳが用いていた退去強制を停止する合理的手法のなかには、不法入国・不法滞在の罪の重さと、不法入国者の居住期間、家族やコミュニティとのつながり、犯罪歴がある場合には更生の証拠などとを比較衡量するという、衡平の調整も含まれていた。

しかし同時に、「苦難」の意味内容は着実に狭められていき、一九九〇年代には、退去強制指令を無効化する根拠としては実質的に役に立たないものとなっていた。実際、一九九六年移民法（その成立は、まさに連邦議会が「われわれの知る福祉」に幕を引くなかで起こったことだった）では、無許可滞在のほぼすべての事例で、〔政府が〕退去強制とすることが義務的となり、行政裁量や司法審査の余地が残されていなかった。ここへきて、非正規移民を退去強制と合法化双方で対応してきたアメリカの長い歴史は、ほぼ終焉を迎えたのであった。今日合衆国は非正規移民をただ退去強制の対象としている。恩赦は、移民政策の歴史ではきわめて見慣れたものだが、いまや政治的にとんでもないものとされている。

実際のところ、古い移民政策——無許可滞在〔者を退去強制処分とする際〕の時効法や、非移民ビザから永住権への変更を個々人が申請する仕組み——は、一時になされる恩赦プログラムに比して〔非正規移民の制限のために〕賢明な方法であった。なぜなら、古い移民政策は、すでに膨大な数にのぼっている無許可移民人口のさらなる増大を防ぐ、調整弁をあらかじめ組み込んでいるからである。

連邦議会は中国人移民を即座に追放する絶対的権限を有していると、連邦最高裁が一八九三年に述べた際、少なくとも理論上は、この権限はすべての移民に適用されるものであった。しかし実践においては、移民政策はヨーロッパからの無許可の移住者に対して、はるかに寛大であった。長い公民権時代には、一時期、アジア系とラテンアメリカ系の移民もこの伝統を利用することができた。しかしそのような包摂への衝動は、公民権時代以降排外主義的ネイティヴィズムに道を譲った。そこでは不法移住に対する不安が、ラテンアメリカ系移民を排斥するレイシズムの代替物となった。しかし、今日の人種ブラインドのあり方がねじれる〔つまり、人種の区別なく非正規移民を厳格に排除するようになる〕なかで、実際のところすべての無許可移住者に、出身国を問わず、合法的地位を与えることもまた、事実上不可能となっている。ある意味で、フォン・ユエ・ティン事件で裁量的な退去強制に対して反対意見を述べた、デイヴィッド・ブリューワー裁判官の以下の言葉が現実となっているといえよう。「この法律〔中国人排斥法〕が、忌むべき中国人のみに向けられているものだというのは、正しい。しかし、権力が存在するかぎり、〔このような移民への退去強制権が〕明日には別の階層や別の人々に行使されないということのできる者など、どこにいるのだろうか」。

キャロル・M・スウェイン

〔不法移民は、黒人やヒスパニックから職を奪う窃盗である〕

ジョセフ・カレンズは、以下のように説いている。当局にみつからず、きわめて長期間国内に居住しつづけた不法移民に対しては、大規模な恩赦や、ケースバイケースの判決や、大量の退去強制にかえて、居住の長さに見合う特別の地位を与えることをもって報いるような移民政策をとるべきだ。長期間法を破る行為をしつづけた者は、特別にメンバーとしての権利を獲得し、滞在することが許されるべきである。なぜなら、彼らに国外に立ち去ることを求めるのは残酷であり道徳に反するからだ。カレンズは、長期間の移民法違反者に在留を認めることが、他の移民に対して不公平と考えられうると、あっさり認めてはいるが、しかし居住年数により、不法移民が恩赦に値するような、われわれの共同体のメンバーとなるのだと主張するのである。

一つの頭の体操として、カレンズの分析は目を引くものであり、熟考するに値する。とくに、彼がミゲル・サンチェスの例を示したところはそうである。サンチェスはよりよい生活を求めて、密入国斡旋業者により不法入国し、建設業で不法に雇用され、結局アメリカ市民と結婚し、合衆国の地で息子をもうけた。サンチェスは、当局に発見される恐怖をたえず抱きながら生活している。なぜなら、法に抵触するどんな行為も、退去強制という結果をもたらすからである。合衆国の法にはサンチェスとその家族が、「サンチェスの資格を合法化する、いかなる実現可能な方法も存在しない」〔本書六頁〕。このようにカレンズは記す。

サンチェスがアメリカに不法に入国し滞在すると決めたことはまったく合理的である。しかしカレンズがサンチェスの物語を恩赦の根拠の一部として用いたことは、道徳的説得力の幾分かを失っている。なぜなら、カレンズは不法移民が、アメリカ社会のもっとも脆弱なメンバー、すなわち、低い技能しか持たず、低いレベルの教育しか受けていない、アメリカ生まれのアメリカ市民と合法的移民に、どのような影響を与えるかを考慮していないからである。

〔不法移民により〕害を受ける人々とは誰か。当然、大学教授や連邦議会の議員、ジャーナリストや法律家や医者ではない。もっとも脆弱なのは、高校あるいはそれに満たない教育しか受けていない、合衆国生まれの黒人やヒスパニックである。これらの集団のことを無視するカレンズとは異なり、私は次のように論じたい。彼らの正義に対する道徳的要求は、ミゲル・サンチェスと、不法にこの国に滞在し資格なしに職や機会を得てきた、知られざる数百万の人々の道徳的根拠を覆すものであると。

ジョー・ジョンソンのことについて話したい。彼はアフリカン・アメリカンの奴隷の子孫であり、高校を卒業し、最終的にヴァージニア州の工場で思い描いていた仕事に就いた。当初は人種差別に直面したがそれに打ち勝ち、時給十二ドルの監督職にまで昇進したのだった。ジョーは結婚し、三人の子どもをもうけ、家を買った。最低賃金のどん底の仕事を何年も続けたあとで、彼はアメリカン・ドリームを勝ち取ったのだ。しかしそれもほんの一時でしかなかった。黒人の中流層によく起こることだが、ジョーはリストラに遭い、移民〔の影響〕を直接身をもって知ったのであった。報道によれば、ジョーが失職した翌日、たくさんのメキシコ人が工場にバスで運ばれてきて、きわめて低賃金で雇われ、ジョーと数十人のアメリカ人労働者がしていた仕事を行うようになった。ジョーは、十分に教育を受けていなかったことが理由で、失職前と同等の賃金でよそから雇ってもらうことはできなかった。経済的に困窮したことが原因で、夫婦関係はすぐに悪化し、結局彼は妻も、家も、尊厳の感覚も失ってしまった。不幸なことに、ジョーのような話は、南部のどこでも繰り返されている。そこでは不法移民が雇用され、低技能で低賃金のネイティブの労働者の首を切るために使われているのだ。彼らネイティブの労働者の多くはジョーと同じアフリカン・アメリカンや、合法的なヒスパニック系移民や、労働者階級の白人である。

現在、推定六百万人から七百万人の不法移民が、高校あるいはそれ以下の学歴しか持たない合衆国生まれの労働者に当てがわれうる低技能・低賃金の職場で働いている。合衆国国勢調査局による失業者数のデータの詳細な分析が、二〇〇九年二月に移民研究センターから出されたが、高校教育を受けていない合衆国生まれの黒人とヒスパニックの失業率が、驚くべき水準に達していることが明らかにされている。黒人の失業率は二四・七％、ヒスパニックの失業率は一六・二％である。一方で、高校教育を受けていない合法的移民・不法移民の失業率は、一〇・六％であった。

不法移民とはある種の窃盗であり、きわめて長期の法違反者に与えられるべきはもっとも厳しい罰であって、メンバーとしての権利などではないといえよう。恩赦をもって報いるのではなく、おそらくは、罰金を科し、祖国に送り返し、合法的移住を待つ人々の列の最後尾に入れるべきなのである。移民法は法の支配に対する敬意を示してきた移民、移民法のルールと規制を遵守する移民の味方であるべきだ。このカテゴリーのなかに、自らの過失によらず不法移民の地位に置かれることになってしまった人々も含めたい。

不法移民の問題を扱うためにふさわしいのは、テクノロジーであり、〔移民の〕意思などではない。国土安全保障省のE-Verifyシステム〔就労者ステイタスチェックシステム〕を用いれば、不法労働者を特定することができる。E-Verifyシステムは、実効性の高い〔使用者の〕任意のプログラムであり、雇用者は国のデータベースにより〔新規労働者の〕ソーシャルセキュリティ番号をチェックすることができる。システムの正確性は九九・六%、検索の結果は数秒で出てくる。不幸なことに、オバマ政権はこのプログラムの拡張を支持しておらず、労働者のデータは数カ月で期限切れとなる仕組みになっている。しかしE-Verifyシステムは無期限にデータを有効なものとするべきであり、またすべての使用者に利用を強制するべきである。このような措置により、ジョー・ジョンソンのような労働者を、ミゲル・サンチェスのような無許可の住民と、不公平な競争をせずにすむよう保護することができる。彼ら無許可の住民が、偽造文書で就こうとする仕事は、そういうことがなければこの国で労働する資格のある者が手にすることのできたはずのものなのだ。余剰な労働者がいなかったとしたら、合衆国の雇用者たちは多くの産業で賃金を上げ、被用者によりよい労働条件を提示せざるをえなくなるはずである。

カレンズや不法移民への恩赦を支持する他の論者たちの、その少なからぬ知的蛮勇と哀れみの心が向けられるべきは、他にある。社会の周縁でもがき、自らの利益を代弁してくれるのは、一部の、決まって共和党の議員、あるいはルー・ドブスやフォックス・ニュースのグレン・ベックのようなマスコミの大物ぐらいしかいない、そういった数百万人のアメリカ市民や合法的移民たちの窮状である。私には夢がある。エリートたちが、不法移民に与えている共感を、自らの同胞市民に向ける、そういう社会に暮らす日がいつかくるという夢が。アメリカが史上初めての黒人大統領選出を祝うさなかでさえ、人種差別や理不尽な無視、むきだしの排除に苦しみつづけている同胞市民。とりわけ彼らのような者たちにこそ共感を持つべきなのである。

ダグラス・S・マッセイ

〔メキシコからの非正規移民に一時労働ビザを与えよ〕

ジョセフ・カレンズは、合衆国の非正規移民に恩赦を与えることを支持する強力な道徳的議論を提示している。私は、非正規移民を合法化する何らかのプログラムが必要であることに賛成し、彼の道徳的関心を共有する者である。しかしながら、現在の移民危機の根源は、合衆国の政策の失敗にあり、われわれが立ち向かうべきはそれである。さもなければ書類不所持の移住の問題がただただ再生産されることになるだろう。

合衆国の移民政策のジレンマ、その核心はメキシコである。合衆国内にはざっと千百万人の書類不所持移民がいるが、そのうち約六〇%――六百五十万人程度――がメキシコ出身である。書類不所持移民数でそのあとに来る〔出身国〕が、エルサルバドルで五十七万人、次いでグアテマラで四十万人、メキシコから人数が急激に下がる。もしメキシコからの移住に有効に対処できるならば、他の移民問題は比較的小さいものとなるし、はるかに解決しやすい。

メキシコ問題の根は、一九六五年までさかのぼる。その年、合衆国連邦議会は、メキシコとの間で二十二年間続いた、一時労働者に関する協定を終了し、西半球からの移民に新たな上限をもうけた。この方法は一九七六年に出身国別の上限を設定した場合にも踏襲された。メキシコからの移民が置かれている状況は一変し、〔移民政策変更前、〕ゲストワーカーで毎年四十五万人、移住に関しては無制限にビザを発給していたところ、ほんの数年のうちに、ゲストワーカーのビザは0に、また永住者については二万人が上限となった。

しかし、一九六五年以降、メキシコから合衆国に入国する移住者数に、それほど大きな変化があったわけではない。変化したのは彼らの合法的資格〔があるかないか〕である。一九六五年以前、書類不所持で合衆国に入国する者は目立たなかった。しかしそれ以降書類不所持移民の数は着実に伸びつづけ、一九八六年には推定で五百万人に達したのである。

一九八六年に移民改革統制法〔ＩＲＣＡ、新移民法〕が制定されたのは、出来する移民危機に以下の三つの方法で対応するためであった。つまり、一九八六年以前の書類不所持移民を合法化し、国境管理を厳格化し、書類不所持移民の雇用を犯罪としたのである。メキシコから合衆国への移民には長い歴史があり、合衆国内のメキシコ人労働者への需要は明らかに存在していたにもかかわらず、法はメキシコ人が、それ以降に住民あるいは労働者として合法的に入国するための規定を、設けていなかったのである。

合法的移動のための規定が存在しないというのは、逆効果であった。なぜなら、メキシコとアメリカは経済的に密接に結びついていたからである。一九九四年には、米墨二国間で協定が調印され、財、資本、情報、サービス、原産品、特定分類の人々の、国境を越える移動について、国境障壁を引き下げることになった。しかし、新たな北米の経済統合の下で、合衆国は労働力の移動を認めることを拒否した。むしろ、一九九三年と一九九四年、国境警備隊は、もっとも人の行き来が多い国境地帯を封鎖するために、一連の警備行動をとったのである。

その結果は予期しうるものだった。ＩＲＣＡ制定後、書類不所持移民の数は、二百万人前後まで減ったが、その後は入国のための合法的手段がないことが原因となり、急速に増大しはじめた。それに呼応して、合衆国は南部国境に配備する軍隊を増員し、国境警備隊の予算は、一九八六年から二〇〇二年までの間に十倍、配備される兵士の数は二〇〇八年までに五倍に達したのである。

北米の経済統合の進展と、合衆国からの持続的な労働力需要、これらの下で、国境の軍事化が、メキシコからの書類不所持の入国者数を減らすことはなかった。国境の軍事化がもたらしたのは、書類不所持出国者数の劇的な減少であった。

国境の軍事化は、書類不所持の出入国の負担やリスクを増大させたが、移住者はきわめて合理的にこの新しい現実に適応し、出入国の機会を最小化した。しかしそれはメキシコにとどまると決めることによってではなかった。そうではなく、一度国境で苦しい試練を受けたあと、合衆国に腰を落ち着けるようになったのである。

国境管理の厳格化に呼応して、合衆国からの書類不所持の出国は半減した。北米の労働者の移動のための規定を設けず、わが国第二の貿易相手国との国境を軍事化したことにより、合衆国の移民政策は、ただ失敗しただけではない。むしろそれが徒となり、書類不所持移住者は倍増し、今日その人口は千百万人に及んでいるのである。

書類不所持移住者を合法化することは道徳的命令であるかもしれないが、恩赦はそれ自体としては書類不所持移住の根本的問題を解決するものではない。メキシコは一兆ドルの経済規模と一億千百万人の人口を誇る国であり、合衆国との社会的、経済的統合が進展している友好国である。にもかかわらず、移民政策においては、われわれはメキシコを他の国と同様に扱っており、ボツワナやネパールと同じ数のビザしか発給していない。労働ビザや居住ビザの正当な需要に対して便宜を図るための合法的手段がないところで、移民の流入は無許可のチャンネルを経るものへと転換することになったのである。

書類不所持移住を長期にわたって解決しようとするのであれば、われわれは北米の経済統合の現実に向き合い、メキシコ・合衆国間を労働者が合法的に移動できるようにしなくてはならない。そのような試みの大きな部分をなすのは、永住ビザの発給を増やし、メキシコ人の労働者がふたたび一時労働ビザを受給できるようにすることである。

この移民政策は、道徳的意味だけでなく実際的意味を持つ。なぜなら、合衆国の多くの職は季節労働で、競争的なグローバル経済の下、アメリカに根付いている労働者を支えていくために十分な所得をもたらさないからである。しかも、ほとんどのアメリカ人が考えているのとは逆に、メキシコ人の大部分は合衆国に永住する意図で移住してくるわけではない。一時的に就労し、故郷の経済的困難を解決すべく貯金し送金するためにやってくるのである。もし許されるのであれば、ほとんどの労働者は、合衆国の短期就労ビザの一期分あるいは二期分滞在したのち祖国に戻ることだろう。メキシコとの国境の軍事化は、アメリカでの永住でなく、合衆国・メキシコ間の行き来をしたいという自然な欲求の実現を阻み、双方の国民の移住する負担を吊り上げるものでしかないのだ。

リンダ・ボスニアック

〔社会的メンバーシップ論とリベラリズム——カレンズのプラグマティズムの失敗〕

リベラル・デモクラシーの社会で書類不所持の非市民がいかなる権利を持つか、この問いをめぐるどの政策的論争でも、私の立場を代弁するものとして、ジョー〔ジョセフ〕・カレンズの名を挙げることには何のためらいもない。コミュニティのメンバーシップは、社会的事実に基づくものとして扱われるべきであって、国家が付与する形式的な資格に基づくものとして扱われるべきでない、という点で、私は彼と一致している。さらに、住民集団を非成員として扱うことがリベラル・デモクラシーのコミットメントを掘り崩すこと、無資格の移民を合法化することが、原理と常識の求めるところであることについても、彼の見解に賛成する。しかし、彼の中心的議論——〔滞在〕時間が道徳的に重要である——は、如上の前提との間で、カレンズ自身が認めるよりも、多くの問題をもたらすと思われる。ここで立ち入って考えたいのは、このことである。

カレンズの説明では、無許可移民に恩赦が与えられるべきなのは、「彼らが長期間定住した」場合である。長期間の定住の条件は、「ほとんどの人々」が支持する、政治共同体は自らのメンバーシップを決める権利を有するという見解に対する譲歩である。私がカレンズの説明を譲歩だと述べるのは、一九八〇年代カレンズが、国境〔による移動の制限〕に対する厳格にリベラルな批判を展開する論者として、知られるようになっていたからである。それから十年後、彼の道徳理論に対するアプローチは、自らが「理想主義」と呼ぶものから、より「現実主義的」なものへと変わった。それを駆動したのは、以下のような確信であった。「国をまたぐ移住についてなされるべきと説くことが何であるにしても、実際に生じうると考えられること、そしてわれわれの共同体がなしうると考えられることから、あまりに遠いものであってはならない」（Carens, Joseph H. "Realistic and Idealistic Approaches to the Ethics of Migration." *International Migration Review*, 30, no.1（1996）: 156-170.）。この論文や他の業績に見られる、現実主義へのこのような転換は、国家にはそのメンバーシップを統御する権限があるという見解を、条件付きで受け入れることを伴わざるをえない。

その結果、カレンズにおいて、合法化の道徳的要求が成り立つために、移民に必要とされる条件は、ただ出頭すること以上のものとなる。実際カレンズの説くところでは、無許可移民が〔在留期間をわきまえずに〕出頭するのは、「誤り」だ。道徳的要求が成り立つためには滞在が必要である。そして、時間の持つ道徳的性格とは、時間がより長くなればなるほど、道徳的要求の強度も増大する、というようなものである。つまり、カレンズが記しているように、「滞在期間が長くなればなるだけ、在留する道徳的要求は強靭なものとなるのだ」〔本書九頁〕。

このように時間に重点を置くことが、割り当てられた合法的資格にばかりこだわる形式主義的見解に対する重大な修正であることは間違いない。その価値は、〔移民が置かれた〕文脈と関係性に道徳的に注意を払うところにある。その前提にあるのは、人がある社会に一定期間居住すれば、その社会に対して愛着や紐帯や一体感を持つようになり、そのことが道徳計算を変化させる、ということである。居住して時間が経過すると、社会的メンバーシップが生み出され、ある点に達すると合法的資格の欠如を覆し、合法化が正当化され要求されるようになるのだ。

しかしこの時間に基づく〔合法化〕要求は、それほど大きな重みを持つのだろうか。最初に指摘されるべきは、何年滞在すれば合法的資格が得られるか、その線引きが恣意的であることだ。加えて悩ましいのは、時間がつねに、友好関係や利害関係を表出する上で理想的な代替的指標であるわけではないことである。カレンズはこれらの懸念のそれぞれを認識している。しかし、他にも難点がある。それは、カレンズ自身が認識しているように、時間が重要だという議論が、「〔滞在権を認める方向と斥ける方向〕両方の方向に機能する」〔本書一九頁〕ことと関係する。このような議論は、包摂的な倫理だけでなく、排除的な倫理をも併せもつ。なぜなら、彼の説明によれば、「この〔時間的〕閾値を超える前の期間というものも存在」〔本書一九頁〕し、その期間においては、移住者の在留への道徳的要求はいまだ実を結んでおらず、事実上のメンバーシップがどのように発展してきていようと、それは形式的資格の欠如によりなおも覆されてしまうのである。〔合法的滞在資格を認めるための、滞在年数の〕ハードルが設けられるところでは（それが五年であれ十年であれ）そのハードルを越えられない人々がかならず存在することになる。

要するに、カレンズのアプローチは、領域内に存在していても、いまだ〔合法的滞在資格を与えられる〕特権集団の一員となるために十分な期間滞在していない一群の人々がいることを前提としている。彼らはどうなるのか。国の移民政策が移民受け入れを制限しつづけてきていることを踏まえれば、さらに移民政策が失敗しつづけてきていることを踏まえれば、〔滞在期間で滞在資格の有無を分ける〕十分な期間滞在していない一群の人々は、つねに自己補充的なカテゴリー〔そのカテゴリーに属する者を自ら補充するカテゴリー〕になってしまうことだろう。

カレンズの説明では、このような滞在期間が短い移民は、自動的に合法化される〔資格に対する〕要求をいまだ有していないことになるのだが、しかしカレンズは、彼らが他の点からしても法が保護できる範囲を超えるなどと、きっと言わないだろうと私は考えている。彼は、リベラル・デモクラシーの信奉者として、ある国の領域内に存在する諸個人は、領域内に存在しているということだけを理由に、デュープロセスと平等保護、婚姻と離婚、財産の所有と交換、契約の締結と履行、信仰の自由、子どもを学校に通わせることについて、権利を有すると説くだろう。つまり、合法的滞在資格を得るための閾を超えない非正規移民であっても、市場や市民社会で法的主体として認められるべきだと説くだろう。

そうだとすれば、カレンズの議論は自己矛盾を犯している。滞在期間の短い移民が合法化適格を有さないことが意味するのは、他のあらゆることを措いても、国家の退去強制の権力に服しつづけているということだ。カレンズはここで、このことを前提としているだけでなく、より積極的に支持しているのである。しかし非正規移民の生活について少しでもわかっているならば、彼らが退去強制の危険にさらされていることで、形式的に与えられている上記の基本権を損なうことになってしまうということを知っているはずである。まさに、退去強制の可能性が移民を従属的地位に置くという効果こそが、(移民にいずれ政治的発言権を保障する必要とあわせて)合法化がきわめて重要である中心的理由なのである。短期の無許可移民が現実に退去強制となる余地、またその余地を認めてしまうことは、実際のところ、形式的に〔移民にも〕拡張された権利や保護の多くを無効化するに等しい。それは、多くの点で、移民に常軌を逸した仕打ちをすることだ。カレンズは、移民の権利保障と国家の退去強制権限と、同時にコミットしようとしているが、それらがしばしば相反する目的に奉仕することになるということを、彼はわかっていない。

難点はなお存在する。カレンズが提示する、移民の「社会的メンバーシップ」の構想——その条件こそ、彼が恩赦の規範的前提としているものである——もまた、理論的に合格とはいえないものである。その理由は以下である。退去強制の脅威により生じる周縁化と従属化が、移民の生活を根本から構造化するが、周縁化と従属化は全面的なものではない。リベラルな社会においては、移民は、多くの点で、市民たる、また法的な主体として扱われる——売買、集会と信教、休養と出産・育児の権利が与えられる。そして、カレンズが強調する社会的メンバーシップを移民が築くことができるのは、ひとえにこのような法的承認のおかげである。この事実上のメンバーシップ——近隣住民とのあいだで、学校で、家庭で、教会で、市場で、職場においてさえ（「さえ」というのは、「非正規移民を雇用する」使用者に制裁を科すようなルールがある状況を念頭に置いている）成り立つメンバーシップ——こそが、最終的には、移民の恩赦の要求に十分な根拠を与えるのである。

ここで強調しておくべきことが二つある。一つ目は、カレンズが社会的メンバーシップと法的成員資格とを分析的に分けて扱っているのは、誤解を招くということだ。肝心要は、移民の社会的メンバーシップは国家法に先立つものでも、独立のものでもなく、多くの点で国家法により生み出されるものだというところにある。「社会的メンバーシップ〔を有するか否か〕が在留に対する公的許可〔があるかないか〕に依存していない」というのは正しいが、しかし社会的メンバーシップは、重要な点で、公的承認に実際依存している。その公的承認とは、移民の滞在中、市場と市民社会において、個々人の権利と地位を認めるものである。

間違いなく、このことが示しているのは、リベラルな国家は、無許可移住の過程において、まさに「共犯」だということである――この主張をカレンズは軽視したのであるが。しかしリベラルな国家が無許可移住の共犯だというのは、彼らがご都合主義的に、非正規移住を助長し許容したからというわけではなく（とはいえ、私はこの主張はときに意義を持つと考えるが）、そもそも、リベラルな国家が、リベラルな法的ルールを通じて、移民の社会的メンバーシップの形成を可能にしたからである。

もちろん、このような議論は、書類不所持外国人の市民権・社会権を、初めから否定する見解を助長しかねない。そのような見解をとる者は、以下のように説くだろう。財産権や教育へのアクセスといった権利を保障することは、その社会との紐帯を育むものであり、その紐帯が、自分で自らを生み出すような形で、のちに移民を国外追放にするのを阻むことになるのであるから、そもそもこのような権利保障を行うのは、自壊的である。しかし、次のように論じることでこのような批判に答えることができよう。権利保護がなされず、教育も受けられない「パーリア」（オーウェン・フィスが、一九九八年に、ボストン・レビュー誌掲載の論文でそう呼んだように）という住民カーストの存在を許容することは、われわれのすべてに害を与えるだけでなく、われわれのもっとも深奥にある原理に抵触する。つまり、リベラル・デモクラシーの諸根拠の下で、国内の、制度化されたカーストシステムを保持することは、端的に許されないのである。

強調すべきことの二つ目は、時間の重要性に関してわれわれが共有する道徳的確信、カレンズによるその性格付けは、不十分だということである。書類不所持移民を保護する、根本的にリベラルな（あるいは、より正確には、リベラル・ナショナリズムの）憲法規範の根拠は、国家の法域のなかにあるすべての人々は、基本権と安全、承認を与えられるべきだという確信にある。このコミットメントにとっては、滞在期間の長さは重要ではない。重要なのは、その法域に存在し、法に服していることだ。時間が、〔受入国への〕完全な政治的編入という目的のために、どのような道徳的重要性を持つと考えるにせよ、カレンズの議論において、恩赦の権利の引き金となる社会的メンバーシップは、法が体現する一連の規範的コミットメントにより成り立つものであり、そこでは時間は関係がないのである。

結論として、移民政策上の問題に戻ることにしよう。カレンズが、より短期に滞在している無許可移民を退去強制としてよいとするのは、彼が本書冒頭の論文で、国家がその成員資格を統御する権利を保持することを、プラグマティックに受け入れたためである。しかし実際問題としては、国境〔における移民受け入れ制限〕は最終的にはリベラルなコミットメントを覆すことになることがしばしばだ——それは、国境地帯だけでなく、国のなかで起こっていることである。このことは、現実主義的で、政策重視の理論を打ち出すことに伴う犠牲だと、カレンズは言うかもしれない。公共的に議論され、期待できることには限りがある。取引は避けられない〔カレンズはそう言うだろう〕。この論文における彼の関心は、長期間滞在している移民が、合法化のための何らかの要求を行いうるということを疑う人々、彼らを説得することにある。そのような問題設定の下では、時間の議論は強力なものだ。

しかし、カレンズのアプローチは、リベラル・デモクラシーの設定の下で、書類不所持移民に与えられる地位が持つ複雑さの一部を、分析的にあいまいにしてしまっている。そして彼の政治的リアリズムは、説得力ある社会批判をあきらめるものだ。カレンズが国家に対して道徳的に要求することは、あまりに少なすぎる。カレンズの議論が伴わざるをえないレトリックや政治的妥協を目にして、私は、開放国境論の理想主義的擁護者だった初期のカレンズの不在を、寂しく思わずにはいられない。

ジーン・ベスキー・エルシュテイン

〔非正規移民はいつ合衆国市民たるにふさわしいものとなるか〕

カレンズによる非正規移民への恩赦の擁護は、精神の寛大さと目的をもって書かれたものである。カレンズの論文を読み、「不法移民」という語を間断なく繰り返し用いることが、きわめて不快なものであるのがなぜかを理解できた。一方にしばしばヒステリックに説かれる反「不法移民」、他方に開放国境の擁護者――人々は好きなように出入国でき、シティズンシップに伴う責務を除き、法的市民として入手可能な、サービスや一揃いの権利を、完全な形で提供されるべきだと説く人々――、両者のあいだの論争はいよいよ実益のないものとなってきているが、「不法移民」の語の使用こそ、そのような無益な論争の一側面である。この論争で双方の立場が展開してきた極端なレトリック、これに悩まされていた者であれば誰でも、カレンズの論文を読んで、新鮮な空気を吸い込んだような感覚を持ち、歓迎することとだろう。

私は、移民としての過去を持つ者と親密なつながりを持ちつづけている、多くのアメリカ人のうちの一人だ。今は亡き私の母方の祖父母は、「ヴォルガ・ドイツ人」だった。彼らは民族的にはドイツ人で、ロシアに何世紀も住みつづけていたが、〔ソ連の下で〕コミュニティの自律が失われる危険が増大していた。もし祖父母がロシアにとどまっていたら、スターリン体制の下で殺されていたか、さもなくばソ連のアジアにある共和国への「長征」――多くの者が途上で息絶えた――に送られていただろう。ヴォルガ・ドイツ人への急襲は、二十世紀に行われた大量虐殺に比べれば小規模なものだが、しかし大量虐殺であることには違いない。移民の孫娘として、アメリカ人のアイデンティティとアメリカ人の経験にとって、移民の存在がいかに重要かを痛切に意識している。仮に移民に対して不親切になったとしたら、われわれはまったく別の国になってしまうだろう。

そうはいっても、統制なき移民は、真の問題である。カレンズが指摘するように、リベラル・デモクラシー諸国にとっては、この問題はとくに深刻である。その国々では、そういったデモクラシーの中心的原理にはなはだしく違反するような、一定の極端な行動――たとえば、不法、あるいはよりましな言い方をすれば、非正規の移民を大量に退去強制処分とすること——が控えられなくてはならないからである。カレンズの提案——非正規移民が長い間滞在した場合には、そのコミュニティのメンバーとして受け入れる——は、魅力的な選択肢だと思われる。当初私は、長期間非正規移民として滞在しつづけた者には、おそらくなんらかの罰が与えられるべきだと考えていた。しかし他方で、彼らに対する適切な罰が何か、どうしても思いつかなかった。非正規移民が自らの生活につきまとう日々の〔退去強制の〕恐怖に対応することだけで、十分な罰だと思われる。

カレンズの思慮深いアプローチが認めていて、国境の越境を容易にすることを支持する論者が認めていないのは、国家が「誰に入国許可を与えるかを決め、正規の資格なく定住している移民を拘束し退去強制とする権利」を有していることである。少なくとも、「ほとんどの人々」がそう考えていると、カレンズは注記している〔本書八頁〕。私は、国家にこの権利があることを強い言葉で読者に投げかけたい。なぜなら、それは主権国家であることが意味するものの、広く認められた一面であるからだ。この権利は、他の権利と同様、絶対的なものではないし、絶対的なものではありえないという点で、カレンズは正しい。彼が提案しているのは、国家のこの権利をより柔軟なものとし、国家が、一定期間を超えて滞在している非正規移民に対して道徳的責務を負っているかどうかを探ることである。カレンズはこの考え方を裏付ける強力な論拠を示している。

なるほど、カレンズが自らの立場を示すために用いた物語は、とくに心に訴えかけてくる、強力なものだからという理由で選ばれたものだということは間違いない。冷酷無比な人間でなければ誰でも、われわれのなかにいるそのような人々の存在を合法化すべき理論的根拠があることを理解するだろう。しかし、カレンズが提唱している〔合法化のために〕必要な期間——五年から七年——ずるずると〔受入国に〕いつづけ、違法薬物を売ったり、ギャングの活動に加わったり、盗品を売買したりしているような者のことを考えてみてほしい。われわれは、この手の非正規移住者に対して道徳的責務を負うだろうか。むろんそんなことはない。カレンズが描く非正規移住者は、合衆国が彼らの故郷となったことを主張するのに理のある者たちである。彼らは、法に従って生きている社会の一員である。それゆえ、彼らの事実上の存在が、権利上の〔de jure〕在留権を生み出すことになるのだ。何年滞在しているかその年数そのものがそれ自体で決定的だということにはならない。

カレンズの論文は、違法行為に報酬を与えようと考えて書かれたものではない。もしそうだったとしたら、彼は数年おきに包括的に恩赦を与えることを支持したはずである。そうではなく、彼は一定期間に、ある人が何をしているかを、一定の形式の下認定することを要請している。つまり、その期間内にその人が仕事をし、税金を払い、学校へ通い、場合によっては家族を持ち、許可なく滞在していることを除いて法に違反せずにいる。そういう生活を送っている者かどうかを認定するのである。カレンズも主張しているように、そのような人間のすべてを犯罪者として扱うのは道理に適わないと私は考える。移民をめぐる現状の混乱や衝突のなかにあって、彼の節度ある態度は歓迎されるべきである。しかしながら、彼の議論にはいくつかの難点が見出される。二点指摘しておきたい。一つはプラグマティクなもの、もう一つは概念上のものである。

　第一に、諸事例を衡量し、アメリカをまったく故郷とせず、いかがわしい目的で利用するような人間の存在を合法化しないようにするには、公職者に〔そういう人間を見分ける〕かなりの手腕と配慮が求められる。慎重な手続が設けられる必要がある。現在「不法移民」の捜索に割かれている公職者を〔合法化するか否か判断する能力を身に着けるために〕再訓練することで、現状の入国管理体制に新たに非効率な官僚組織を付け加えずにすむだろう。カレンズの念頭にある非正規移住者が、一定期間わが国に存在し、法に従い、就労し家族を養っているということ以外証明する必要がないことを勘案すると、私は〔合法化にふさわしい人間を見極めることの〕困難を誇張しているかもしれない。しかし、カレンズの合法化の基準が、彼が説くように、単に時間の経過だけにあるわけでなく、その期間に何をしていたのかにあるのだとしたら、公職者には重要な識別を行う方法が与えられなくてはならない。

何をしていたかが問題になるのである以上、われわれは〔第二の〕概念上の問題に直面せざるをえない。非正規移住者が、法の網をかいくぐって合衆国の労働市場をうまく利用したことを認定するだけでは、不十分である。そのような条件は、損得計算と功利主義的発想に傾きすぎている。カレンズは、自由と法的平等に対する熱意をこそ、恩赦と結びつけるべきである。そのことは、私の祖父母や長年合衆国で暮らしてきた他の多くの移民と変わらない。この条件は決して看過されてはならない。なぜなら、そのような熱意こそが、アメリカ人の理想の中核であり、共和国の自由な市民になることの意味であるからだ。

第二の問題関心に照らして、私はカレンズの議論を補足したい。「非正規移住者」から「合法的移民」に地位が変わる者については、合法的移民が市民権を得る際に現に課されているシティズンシップ・クラスの受講を、義務とすべきである。また合法的移民が市民権を得るための待機期間が五年である以上、非正規移住者の待機期間も少なくとも五年としなくてはならない。市民権を獲得し、メンバーシップを承認されるために経るべき通過儀礼は、きわめて重要である――したがって、非正規移住者は、〔シティズンシップ・クラスで〕学習し、試験に合格し、一人前の市民としての宣誓をしなくてはならない。合衆国を自らの故郷としてきた者は、このような条件にけちをつけてはいけない。私が私の祖母に公民教育を行ったときのことを思い起こす。祖母は六十代になって、ついに合衆国市民となることを決意したのであった。市民の孫娘が非市民の祖母を教える。その祖母の人生こそ孫娘がこの世に生を享け、合衆国市民として生きることを可能にしたのである。その公民教育の経験は、感動的なものであり、その経験を通じて私は、無学で貧乏だった祖父母にどれだけ多くのものを負っているか気づいたのであった。祖父母は子ども時代にこのめまいがするほど複雑な国にやってきて、そこを、彼らの故郷――あらゆる意味において――としたのであった。われわれは、このような〔移民が合衆国を故郷としていく〕プロセスのことを、決して軽視したり、無視したりしてはならない。

T・アレクサンダー・アレイニコフ

ジョセフ・カレンズが描き出したいくつかの事例は、深刻で、救済に値するものである。しかし、合衆国——連邦議会と人民——に、書類不所持移住者に手を差し伸べる道徳的責務があるというのは、いったいなぜなのか、この点は〔カレンズの論文では〕十分に議論されていない。カレンズはありうる分析の道筋のいくつかを挙げてはいるが、特定の議論に行き着いているわけではない。彼は、ミゲル・サンチェスとマーガレット・グリモンド、ヒウ・ルイ・ンに対する扱いが明らかに非人道的であることに訴えて、彼の議論を裏付けようとしているにすぎない。その上で、カレンズは以下のように述べる。

両親が公的許可なしに子を連れてきたからといって、その子が育ち、社会的人格形成を行い、自らにとってもっとも重要な人間的つながりを持つ場所から、立ち去ることを強いるのは、道徳的に間違っている〔本書一一一―一一二頁〕。

このような直観を正当化するものは何であろうか。

カレンズはいくつかの議論を提示している。第一に、メンバーシップに基づく要求を挙げる。この議論は二つの方向から理解できよう。一つ目の方向は、社会的事実に注目するものである。つまり、長期間滞在している書類不所持移住者にとって、合衆国が故郷となるのであり、とりわけ子ども時代に合衆国に入国した者（いわゆる「移民第一・五世代」）にとっては、実際合衆国以外に故郷を知らないということがありうる。彼らの所属には、二つの意味がある。つまり、彼らは、合衆国に所属するとともに、アメリカ社会に所属する。退去強制処分となると、長期の居住者は、このメンバーシップを剝ぎとられ、家族やコミュニティと引き裂かれるのである。これらが人生を意味ある楽しいものとするような紐帯だとしたら、それはわれわれが人間として繁栄するのを助けてくれるものということになり、その紐帯を害する政策に反対する道徳的議論が成り立つ。

〔二つ目の方向として、〕メンバーシップに基づく要求には、平等保護の側面もある。長期間滞在している書類不所持の住民が、事実上メンバーなのだとすれば、また市民を退去強制にすることがないということならば、一部のメンバーを追い出しておいて、同様の状況の下にある他のメンバーはそうしないというのは、恣意的である。このような議論は、一九八二年のプライラー対ドウ判決において、支配的なものであった。同判決は、書類不所持の子どもを公立学校に通わせることを禁じたテキサス州法を、連邦最高裁が違憲と判断したものである〔プライラー判決については以下参照、佐々木恵「プライラー裁判――その成立とメキシコ系コミュニティの動き」『同志社アメリカ研究』第三九号、二〇一三年、一〇九―一二一頁〕。多数意見によると、この子どもたちは、十中八九われわれの社会のメンバーとなるのであり、彼らの教育の機会を否定することは、事実上、二流市民のカーストを作り出すものである。

カレンズが用いている第二の議論は、家庭に基づく要求である。カレンズが述べているように、家庭生活〔を送ること〕は基本的人権だと考えられる。世界人権宣言第一六条は以下のように定める。「家庭は、社会の自然かつ基礎的な集団単位であって、社会及び国の保護を受ける権利を有する」。長期間滞在している書類不所持の住民を退去強制にすることで、合衆国内でのこの権利の実現を、深刻に阻む可能性が高い。この議論は、EUの人権制度の下では、一定の役割を果たしているが、しかし合衆国では重視されていない。裁判官たちは、このような議論をとることで、書類不所持移住の誘因を生み出してしまわないか、懸念を抱いてきた。さらに、退去強制は、家族の統合を破壊するものではない。そうではなく、他の国で家族統合を実現することを求めているにすぎない。

カレンズの第三の議論は、比例性に基づく議論である。カレンズは、「十五年ないし二十年ものあいだ、社会のメンバーとして貢献してきた人間を……追放する」のは、「冷酷で無慈悲」であり、「害の大きさは不法入国の不正のそれとはまったく釣りあわない」〔本書一三三頁〕と記している。この議論は、メンバーシップに基づく要求の拡張、あるいは言いなおしであるように見える。いずれにしても、「不法入国の不正」の量をどうやってはかるのか、それ以上詳述されておらず、比例性の概念がより深い道徳理論とどのように結びつくのかも述べられていない。

カレンズが、これら〔三つ〕の議論のうち成功するのはどれだと考えているのか、定かでない——あるいは、これらすべてを足し合わせることで、〔移民の合法化は〕強い道徳的要求となると考えているのかもしれない。確かにそうかもしれない。しかし、〔移民の合法化を根拠づける〕基本的な道徳理論が完全な形で展開されていない状態では、成功するのか否か知ることは困難である。

いくぶん退屈な政策的議論に基づいて、〔書類不所持移住者の〕退去強制を免除するための根拠を見つけだすほうが、より有望かもしれない。諸国の移民法において、無許可移住者の在留を認める方法——成文法に規定されるか、あるいは行政裁量の行使により確立されることによる——を有していることが一般的である。そこでは、退去強制処分により、本人、家族、またコミュニティにもたらされる害が、不法入国の害よりも著しく大きい場合、また国外追放を裏付ける強い根拠（重大な刑法上の犯罪を犯したことなど）が存在しない場合、在留資格が認められることとなる。カレンズが記しているように、合衆国の〔移民関連〕法令でも、一時期、このようなケースバイケースの決定を許容する規定が存在していた。しかし、一九九六年に〔移民〕法が過度に厳格化された。連邦議会は、以下のような条件を付け加えたのである。書類不所持移住者が国外退去を免除されるためには、国外退去が、合衆国市民かグリーンカード保持者〔永住権者〕である近親者に、「例外的な、また尋常でない苦難」をもたらすことを証明しなくてはならない。

カレンズは、裁量による〔退去強制手続への〕介入以上の対応が必要と考え、合衆国内で一定期間過ごした書類不所持移住者に適用可能な、円滑に機能する時効法が存在することが望ましいと説く。そのようなルールの射程は、過度に広いか、過度に狭いものになりがちであるが、このような適合性の不足は、行政上の理由により正当化されうる――ここでも正当化如何は政策上の問題である。〔退去強制処分を〕より広く免除することは可能であり、近時の移民論争において、きわめて大きな関心を集めてきたのは、そのような免除方式であった。すなわち、合衆国に比較的短い期間しか滞在していない書類不所持移住者についても、彼らが罰金を支払い、英語を習得し、税金を支払っており、重大な犯罪を犯していない場合には、合法化するというものだ。

以上のすべての提案について、道徳的要求は、賛否双方からなされうる。一方で、書類不所持移住者の社会的事実が、道徳的重みを有するある種のメンバーシップを生み出すと説くことも可能である。しかし、他方で、誰が自らの政治体のメンバーであるべきかを決めることは、人民の自己統治に基づく道徳的要求でもある――この要求は、法に反して入国した者が、一定期間捜査の目をかいくぐったからといって、重要性を減殺されてよいものではない（プライラー判決の反対意見において、まさにこの点が指摘されていた。すなわち、テキサス州に書類不所持の子どもが存在することに対して、「われら人民」あるいは選挙で選ばれた公職者は決して同意していない。このように説かれていたのである）。あるいは、比例性の道徳的要求に基づいて、国外退去の免除を支持する議論については、〔合法的に移住するために〕合衆国の外で辛抱強く順番待ちしている人々の道徳的要求と比較衡量することもできよう――そのような人々のなかには、何年にもわたってビザが下りるのを待っている者もいる。彼らがもし不法入国していたとしたら、〔カレンズなどが〕合法的地位の正当化根拠になると説く紐帯を合衆国で形成し、順番とばしすることに成功していたかもしれない。〔書類不所持移住者合法化に対する〕反対派が、自らの立場を裏付ける道徳的要求を並べたてていると ころで、〔合法化に賛成する〕道徳的根拠に基づく議論を示そうとすること〔は本当に得策なのか〕。そのことで、カレンズが気遣う人々を助けるような解決の機会が失われてしまうのではないか。私はその点を憂慮している。

結局、プラグマティックな議論がもっとも説得的かもしれない。カレンズの論文の主題であった、長期に滞在する書類不所持住民について、連邦議会は移民法を一九九六年以前の方式に戻すべきだ。さらに、連邦議会は、一般的な合法化プログラムを採用すべきである。なぜなら、合衆国政府が、千百万人の書類不所持住民を出身国に送り返すことなど、どだいありえないからだ。もし実行したとすれば、その費用は重すぎるだろうし、コミュニティからの反発も大きすぎるだろう。そのことは、書類不所持住民に在留を許可する道徳的要求を、アメリカの人民が認めようと認めなかろうと変わらないのである。

合法化も、不法入国の誘因を与え、社会給付プログラム適格者の範囲を押し広げてしまうという犠牲を伴う。しかし、すべてを考慮すると、合法化の負担を、〔書類不所持住民を〕搾取から保護し、〔彼らの〕アメリカ社会への統合を促進することがもたらす便益が、上回るに違いない。

解説　不法移民をいかに処遇すべきか——移民正義の理想と現実(1)(2)

横濱竜也

I　本書について

本書は、不法移民の処遇をめぐって、カナダ・アメリカの研究者七名が行った討論をまとめたものである。

一　本書の成立過程

まず本書がまとめられた経緯を整理しておこう。本書第I部の基調論文ジョセフ・カレンズ「恩赦の根拠」の原型は、雑誌『ボストン・レビュー』二〇〇九年五・六月号（二〇〇九年五月一日刊行）の「ニュー・デモクラシー・フォーラム」欄に掲載された[3]、「恩赦の根拠――時間が国家の退去強制権限を侵食する」（以下原論文）である。同号には、原論文に対する十一名からのコメントと、コメントへのカレンズの応答も掲載された。(4) 本書第Ⅱ部は、コメントのうち、メイ・ナイ、キャロル・スウェイン、ダグラス・マッセイ、リンダ・ボスニアック、ジーン・エルシュテイン、アレクサンダー・アレイニコフのものを採録している。基調論文は、誌上での討論を踏まえ、原論文を改訂・拡充したものである。

以下の「Ⅱ　問題状況」やメイ・ナイのコメントなどでも明らかなように、アメリカにおいて不法移民政策をめぐる論争は、十九世紀後半から続いている。しかし、二〇〇九年五月当時、不法移民の増加が止まらないことが、とりわけ大きな政治的関心事であった。「ニュー・デモクラシー・フォーラム」欄における不法移民問題についての討論は、そのなかでなされたのであり、政治状況を色濃く反映したものになるのも、自然なことであったといえよう。

二　寄稿者のプロフィール

次に、寄稿者について簡単に紹介しておこう。

ジョセフ・カレンズ（Joseph Carens）

トロント大学政治学教授。カレッジ・オブ・ホーリークロス卒業、イェール大学で博士号取得。本文や以下の解説でもたびたび言及しているとおり、移民正義論における「開放国境論 open border theory」の主唱者として著名。

著書に、*The Ethics of Immigration* (Oxford University Press, 2013)、*Culture, Citizenship, and Community: A Contextual Exploration of Justice as Evenhandedness* (Oxford University Press, 2000) などがある。[5]

メイ・M・ナイ（Mae M. Ngai）

コロンビア大学歴史学教授。ニューヨーク州立大学エンパイア・ステイト校卒業、コロンビア大学で博士号取得。二十世紀アメリカの移民、シティズンシップ、ナショナリズムの歴史を研究。

著書に、*Impossible Subjects: Illegal Aliens and the Making of Modern America* (Updated edition with a New Foreword edition, Princeton University Press, 2014)、*The Lucky Ones: One*

Family and the Extraordinary Invention of Chinese America (Houghton Mifflin Harcourt, 2010) がある。

キャロル・M・スウェイン（Carol M. Swain）

ヴァンダービット大学ロースクール政治学・法学教授。レノーク大学卒。ノースカロライナ大学で博士号取得。保守派の論客として知られ、黒人差別、イスラム教についてのメディア上での発言が物議を醸している。

著書に、*Black Faces, Black Interests: The Representation of African Americans in Congress* (Harvard University Press, 1993, 1995)、*The New White Nationalism in America: Its Challenge to Integration* (Cambridge University Press, 2002)、*Be The People: A Call to Reclaim America's Faith and Promise* (Thomas Nelson Press, 2011) などがある。

ダグラス・S・マッセイ（Douglas S. Massey）

プリンストン大学ヘンリー・G・ブライアント記念社会学・公共問題教授。ウェスタン・ワシントン大学卒業、プリンストン大学で博士号取得。黒人やメキシコからのヒスパニック系移民への差別について研究。

著書に、*Brokered Boundaries: Creating Immigrant Identity in Anti-Immigrant Times* (Russell Sage Foundation, 2010)（Sánchez R. Magaly との共著）、*Beyond Smoke and Mirrors: Mexican Immigration in an Age of Economic Integration* (Russell Sage Foundation, 2002)（Jorge Durand との共著）、*American Apartheid: Segregation and the Making of the Underclass* (Harvard University Press, 1993)（Nancy Denton との共著）などがある。

リンダ・ボスニアック（Linda Bosniak）

ラトガース大学ロースクール法学特別教授（Distinguished Professor）。ウェズリアン大学卒業、スタンフォード大学ロースクールで法務博士号取得。移民、ナショナリズム、シティズンシップの法理論・政治理論を研究。

著書は、*The Citizen and the Alien: Dilemmas of Contemporary Membership* (Princeton University Press, 2006)。

ジーン・ベスキー・エルシュテイン（Jean Bethke Elshtain）
一九四一年、本文中にもあるようにヴォルガ・ドイツ人の子孫として生まれた。二〇一三年死去。コロラド州立大学卒業、ブランダイス大学で博士号取得。マサチューセッツ大学、ヴァンダービット大学を経て、シカゴ大学ローラ・スペルマン・ロックフェラー記念社会・政治倫理教授に就任。女性の平和主義的性格を説いた著書 *Women and War* (University of Chicago Press, 1987) はよく知られており、邦訳もある（小林史子・廣川紀子訳『女性と戦争』法政大学出版局、一九九四年）。
他の著作には、*Meditations on Modern Political Thought: Masculine/Feminine Themes from Luther to Arendt* (Praeger, 1986)、*Who are We?: Critical Reflections and Hopeful Possibilities* (W. B. Eerdmans Pub. Co., 2000)、*Just War against Terror: the Burden of American Power in a Violent World*, (Basic Books, 2003) などがある。

T・アレクサンダー・アレイニコフ（T. Alexander Aleinikoff）
ニュースクール・フォー・ソーシャルリサーチ・ゾルバーグ移民・社会的流動性研究所長。スワースモア大学卒業、イェール大学ロースクールで法務博士号取得。ニューヨーク地裁でロークラークを務めたあと、ミシガン大学ロースクール、ジョージタウン大学ロースクールなどで勤務し、二〇一〇年から二〇一五年国連難民高等弁務官事務所副高等弁務官。二〇〇八年には、オバマ大統領政権移行チームの、移民問題タスクフォース共同議長を務めた。

著書に、*Semblances of Sovereignty: The Constitution, the State, and American Citizenship* (Harvard University Press, 2002) があるほか、移民やシティズンシップに関する編著がある。

＊＊＊

さて、この解説では、以下の作業を行うこととしたい。①本書の背景をなす移民問題の現状を瞥見する（Ⅱ）。②カレンズ主論文を理解するための前提として、彼の「開放国境論」と「開放国境論」への批判について概説し検討する（Ⅲ・Ⅳ）。③その上で、不法移民問題をめぐる寄稿者の議論――とくにカレンズの主論文とボスニアックのコメント――を、不法移民合法化の是非に焦点を当てて、批判的に検討していくことにしたい

(V)。

II　問題状況

一　スウェーデン

移民の受け入れをめぐって、しばしば引き合いに出されるのが、スウェーデンである。スウェーデンは、ヨーロッパでもっとも移民受け入れに対して積極的な国の一つとして知られる。移民に対して、教育や社会福祉などの公的サービスの受給権をネイティブの国民と同等に保障するだけでなく、移民の子どもたちにスウェーデン語教育のみならず、子どもたちの両親の母語の習得をも公費で補助している。国民に占める外国生まれ人口が十七%に達する現状は、このような多文化主義的統合の試みの結果ともいえるだろう(渡辺　二〇一三)。

しかし、極右政党（スウェーデン民主党）の台頭や、二〇一三年五月のストックホルム郊外で起こった移民の暴動などをきっかけにして、スウェーデンの移民受け入れがどれだけ成功しているのか問われ始めている。とくに、雇用における格差――移民は製造業や飲食業、介護などに従事することが多く、失業率も高い――や移民の集住化が問題となっている。

二　ドイツ

ドイツも移民を多く受け入れてきた国である。国民に占める「移民の背景のある人口」――移民第二世代、第三世代を含む――は、二〇一一年で十九・五％である（そのうち、第一世代は十％程度）。六〇年代の高度成長期、労働力需要を満たすために、トルコ人を中心とする移民が、ガストアルバイターとして大量に受け入れられ、彼らが定住化した。オイルショック以降は外国人労働者の受け入れはストップしたが、移民の家族呼び寄せや一九八九年以降の東欧からの経済移民などにより、移民人口は増加している。

現在のドイツの移民政策の特徴として、二〇〇五年移住法の下での「統合コース

Integrationkurs」がある。ドイツ国内に移住する外国人には、六百時間のドイツ語コースとドイツの文化や歴史、価値観を学ぶ三十時間のオリエンテーションコースへの参加、および修了認定のためのテスト受験が義務付けられている。その目的は、彼らがドイツ社会で自立して生きていくために必要最低限のドイツ語能力を身につけることにある。しかし、統合コースへの不参加やドロップアウトが問題となっている（小林二〇〇九）。

以上のスウェーデンとドイツの事例から示唆されるのは、次のことであろう。望ましい移民政策を考えるうえで重要なのは、単に移民をホスト国に受け入れるべきか否かではない。彼らがホスト国社会の一員として受け入れられるためにいかなる対応がなされるかである。つまり、移民をホスト国社会に包摂していくために、いかなる施策を講じるべきかこそが、移民正義論の主要な課題である。

移民の社会的包摂の問題を考えるうえで示唆を与えるのは、フランスである。

三　フランス

フランスの移民政策の統合的性格

フランスの移民政策の一つの特徴は、一定の統合的性格である。フランス人と外国人を区別せず、社会保障給付を行う一方で、長期滞在の外国人は県知事と「受け入れ・統合契約」を結ぶことになっている。県側は、受け入れのための説明会、ソーシャルワーカーとの面談と個別支援、フランス共和国の共和制、非宗教主義、民主主義、男女同権などの原則と基本的人権などについての市民教育、新規入国者のニーズに応じた言語教育、公的雇用支援や職業訓練へのアクセスに関する情報提供などを行う。これに対して、外国人は、市民教育講座を受講する義務、指定された言語教育や面談を受ける義務などを負う。

このような「受け入れ・統合契約」の背景にあるのは、フランスの政治文化に基づく

「フランス的平等」の理念である。

「フランス的平等」

「フランスの平等」について、社会学者で、とくにフランスにおける移民の受け入れをテーマとしている宮島喬は、次のように述べている（宮島喬編『移民の社会的統合と排除――問われるフランス的平等』八―九頁）。

……普遍主義をその中核におくフランス的平等理念は、属性を捨象した「孤立した、普遍的な、他者と類似した個人」……の平等から離れることはむずかしく、施策の対象の特定化、重点化にも制約となる。たとえば△△△系という形で対象をしぼることはできず、「外国人」や「移民」を明示的対象とすることすら避けられる。ある指摘はいう。「宗教や、「エスニック」と呼ばれる歴史的オリジン〔出身、起源〕を考慮に入れることを拒否してきたフランス的統計は、宗教や歴史的オリジンが何であれ、人々は等しく市民であるという市民権創出のユートピアに直接に対応する表現をなしてきた[6]」。

しかしながら、フランス的平等が、現在のフランスにおいて動揺し争われている。そのことは、いわゆる「イスラムスカーフ事件」[7]あるいはブルキニの着用をめぐる近年の論争からも明らかなことだろう。

イスラム教（イスラム法〈シャリーア〉）において、女性はスカーフをまとわねばならず、顔と手以外の部分をさらしてはならない。「イスラムスカーフ事件」において、女生徒はこのイスラム法にしたがって学校に行き、停学処分となったのである。

「ライシテ」とは、簡単にいえば、宗教的活動は私的領域のみに限定し、公的領域に宗教を持ち込ませない、つまり公的領域は非宗教化・世俗化する、ということである。

日本人の感覚からすると、フランスの公立学校の対応はあまりに狭量だということになるかもしれない。[8]しかし、フランス革命そしてその後のフランスが、なぜ「フランス的平等」とルソー＝ジャコバン型憲法秩序を追求してきたか、とくに宗教を公的領域から追い出し、私的領域に閉じ込めようとしてきたのはなぜか、そしてそのためにどれだけの負担を負ってきたかを考えれば、簡単には批判できないかもしれない。

あわせて「フランス的平等」がわれわれに投げかける、より一般的・原理的問題を指摘しておきたい。上述のように、「フランス的平等」とは、「属性を捨象した「孤立した、普遍的な、他者と類似した個人」の平等」である。しかしそのような平等で本当に問題ないのだろうか。

たとえば少数民族が自らの民族文化の維持・継承のために、多数民族には認められていない特別な権利を要求した場合、それを斥けることは本当に正しいだろうか。少数民族が多く居住する（が他の民族も居住している）地域で、彼らの言語を公用語とし、学校教育をその言語で行うことを認めてはいけないだろうか。あるいは少数民族に自治権を与えることはどうだろうか。少数民族に国政への一定の影響力を与えるために、国会の議席の一部を彼らの代表のみに割り当てるのは望ましいだろうか。

民族集団（あるいは民族集団に属する個人）に、自らの民族文化を維持・継承するための権利を与えることが望ましいと説く多文化主義からすれば、フランス的平等は真の平等とはいいがたい。なぜなら、われわれは「孤立した、普遍的な、他者と類似した個人」ではなく、特定の文化の下で生きていて、その文化こそが、生きるに値する人生（「善き生」）のあり方を左右するからである。われわれがどういう人生を歩みたいか考えるときに必要なのは何だろうか。われわれは、あたかも百貨店で買い物をするかのように、さまざまな人生プランを取捨選択するわけではない。家族や友人、学校教育、地域とのつながりのなかで、価値ある人生のあり方を学び、選ぶ。そうだとすれば、各人が善き生を営む上で各人の属性（民族、宗教、性差、性的指向、……）、別の言い方をすれば「差異」はきわめて重要であり、その属性・「差異」を尊重すべきではないのか。

とはいえ、どうすれば各人の属性・「差異」を平等に尊重できるのだろうか。たとえば、多数派が英語を話しているなか、フランス語を話す少数民族の文化を守るために、少数民族の集住地域に自治権を認めたとしよう。その地域ではフランス語が公用語となり、学校教育もフランス語で行われる。しかしその地域にドイツ語を話すさらなる少数派（「内なる少数派 internal minorities」と言われる）がいたとしたら、どうだろうか。彼らにも自治権を認めるべきだろうか。「そんなことをしたら、フランス語を話す少数民族にとって大いにマイナスになる」という反論が、間違いなく出てくるだろう。しかしフランス語を話す人々に自治権を認めて、ドイツ語を話す人々に自治権を認めないのは、不公平ではないか。

そうなると、さまざまな文化的背景を持つ人々が、各々善き生を営めるようにするためには、むしろ民族文化を尊重することはやめたほうがよい、「属性を捨象した「孤立した、普遍的な、他者と類似した個人」の平等」のほうがましだ、と考えることにも、それなりの説得力があると言えないだろうか。

四　アメリカ

あらためて述べるまでもなく、現在、アメリカの移民政策における最大の懸案は不法移民対策である。国内に推計千百五十万人の不法移民（そのうち六百五十万人ほどがメキシコから流入している）が滞在しており、彼らをどのように処遇するか大いに争われている。

不法移民をめぐる現在の議論状況を理解するためには、アメリカの移民法の歴史を確認しておく必要がある。本文で、ナイが十九世紀後半以降二十世紀末までの移民法史を簡潔に振り返っており、またマッセイも、メキシコからの不法移民流入の背景を説明するなかで、一九六五年移民法改正以降の歴史に言及している。これらから読者は概略をつかむことができるだろう。この解説では、それらに若干肉付けし整理することにしたい（なお巻末年表も参照のこと）。

一九二四年移民法以前[9]

ナイのコメントにもあるように、十九世紀後半、アメリカ移民政策の主要課題の一つは、中国人移民の扱いであった。[10] 珠江デルタにおける急激な人口増と、十九世紀半ば以降のゴールドラッシュにより、多くの中国人移民（年間二千人から二万人程度）がアメリカ西海岸より流入し、西部開発などによる労働力需要を満たした。アイルランド系移民（「じゃがいも飢饉」による）の大量流入をきっかけにして、一八二〇年から一八六〇年の移民数は、一八二〇年までの二十五万人から五百万人に増加しており、これに呼応して移民排斥の動きが起こったが、南北戦争期以降、共和党政権は、大資本支援、産業育成、南北戦争による労働力不足への対応などのため、移民奨励策をとった。

しかし、中国人労働者が再建期の南部や東部にまで流入することにより、排華運動はより顕著なものとなった。その一つの帰結が一八八二年の排華移民法である。中国人労働者の十年の流入停止、裁判所による中国人帰化禁止を定め、中国人移民を狙い撃ちにするこの法律は、一九四三年第二次大戦下で停止されるまで継続することとなった。

一九二四年から一九六五年まで

アメリカが、包括的な移民規制に乗り出したのが、一九二四年の移民法制定である。その背景には、十九世紀末以降、ヨーロッパやアジアからの移民が大量に流入したかたわらで、第一次大戦後の兵士復員を契機にして労働力の余剰が問題となったことがある。一九二四年の移民法は、出身国別に、つまり母国籍に応じて、移民ビザの発給数上限(一八九〇年国勢調査時の出身国別人口の二%)を定めるとともに、帰化不能外国人――中国人そして日本人――の移民を全面的に禁止するものであった。

しかし第二次大戦後、他の国民と同様、戦争で戦った移民たちを、その母国籍で差別扱いすることへの批判が高まり、一九五二年移民及び国籍法では、「帰化不能外国人」の規定は撤廃されることとなった。また同法において、アメリカ移民法史上初めて、職業能力や家族関係によるビザ発給が導入され、現在まで続いている。

そして母国籍主義からの決別が明確に規定されたのが、一九六五年改正移民法であった。移民ビザ発給における人種や国籍、出身地、居住地に基づく差別が禁じられ、ビザ発給数の割当は、東半球と西半球の区別でのみ行われることになった。十九世紀後半の一連の中国人排斥以来続いたアジア系への法的差別は、ようやく幕を下ろしたのである。なお、同法では家族再結合原則も導入され、移民の離散家族がアメリカで合法的に生活できるようになった。

一九六五年から一九九六年まで

一九六五年改正移民法の中核は、上記の母国籍主義の撤廃と、家族再結合原則にあった。これらと合衆国憲法修正一四条に定められた出生地主義の恩恵にもっとも浴したのが、メキシコからのヒスパニック系移民であった。マッセイが指摘するように、アメリカとメキシコとの経済格差、そしてとくに一九八〇年代以降の中南米における急激な人口増が、流入圧力を押し上げた。さらに一九七〇年代まで米墨国境の出入国管理は厳格でなく、不法入国はより容易であった。不法移民がアメリカでもうけた子どもは、出生地主義によりアメリカ国民となる。そして家族再結合原則により、子どもは二十一歳になれば親や兄弟など近親者を、合法的にアメリカに呼び寄せ居住させることができるのである。

スウェインのコメントからもわかるように、不法移民の増加に対しては、彼らが賃金とくに単純労働者の賃金を引き下げることに反発があった。それを受ける形で、一九八六年移民改革統制法（新移民法とも呼ばれる）が制定された。①既存の不法移民（五年以上不法滞在している者）を合法化する一方で、②新規の不法入国を防ぐため国境警備を強化し、③不法入国者を雇用・求人する者に対する罰則規定も設けられた。しかし②、③は成功しなかった。②に対しては、密入国斡旋業者の手引きによる不法入国が横行することとなったし、③については被用者が不法入国者であることを知って雇用したかどうか、雇用主の言い分以外に確かめる術が乏しかった。

その後、移民改革統制法と同じ内容の不法移民対策は、数度行われているが、不法移民合法化以外の成果をあげることができずにいる。そのなかで一九九六年の不法移民改正及び移民責任法では、不法移民を行政裁量あるいは裁判所の判断で合法化することがほぼ全面的に禁止されるとともに、不法移民への社会保障サービスも禁じられた。

しかし、一九九〇年代以降不法移民数は上昇基調である。トランプ大統領が、すでに米墨国境にフェンスが設置されているのにもかかわらず、「長城」建設に言及した背景には、これまでの不法移民対策の失敗に対する国民のいらだちがあると思われる。子ブッシュ政権下、そしてオバマ政権下でも、一九八六年移民改革統制法と同じ枠組みの合法化法案（移民法改革法案）が議会に提出されたが、共和党を中心とする強硬な反対に遭い議会審議を進めることができず、結局二〇一四年十一月、オバマ大統領は行政命令

(presidential action)による合法化を強行することとなった。トランプ大統領が不法移民問題にどのように対応するかは予断を許さないところである。[11]

五　日本

日本の入国管理政策

日本の入管政策をめぐる状況は以下のようである(明石　二〇〇九)。一九八九年入管法改正により、在留資格「定住者」が新設された。しかし「単純労働」を目的とする入国のための在留資格は設けられなかった。その一方で一九九〇年に、法務省告示により団体管理型の研修生受け入れがなされ、一九九三年には技能実習制度が導入された。その際に取沙汰されたのは、もっぱら移民の受け入れが日本にどのような利益・不利益をもたらすかであった。一方では、アジアからの労働力の受け入れが、経済的効率性や人を介した技術移転の促進に適うとする議論がなされ、他方では高齢者や女性の雇用への悪影響、設備投資や技術革新による合理化の阻害に対する懸念が示された。

一九九〇年代末から二〇〇〇年代前半になると、将来的な生産年齢の減少を踏まえて、介護・看護分野での外国人労働者の受け入れを促進すべきという主張が、経済界からなされるようになったが、それが移民政策の変化をもたらすことはなかった。しかし他方で、とくに二〇〇〇年代初頭、労働需要が拡大するなかで、研修・技能実習制度への依存が顕著となる。研修制度での新規入国は、二〇〇〇年で五万四千人、二〇〇五年で十万人、そのうち技能実習へ移行した者は、二〇〇〇年で二万人弱、二〇〇五年で五万人超に達することになったのである。

この状況を受けて、二〇〇〇年代後半以降、研修・技能実習制度や日系人の受け入れではなく、日本語能力や職務上の技能による受け入れへ転換すべきという提案がなされるようになる（二〇〇六年法務省PT「今後の外国人の受入れに関する基本的な考え方」、二〇〇八年自民党PT「「外国人短期就労制度」の創設の提言」）。そして、二〇〇八年五月、日本とインドネシアの経済連携協定が発効し、看護師や介護士になることを目指す二百五名のインドネシア人が来日した。日本の入管政策も、ようやく外国人労働者を本格的に受け入れていく方向へ舵を切ることになったのである。

そうなった以上、労働需要に対する場当たり的な対応に終始していてはならないだろう。日本がいかなる移民政策をとるべきか、とくに就労目的の移民をいかに受け入れていくべきかを、真正面から問わなくてはならない。

近時の移民政策論議──上野千鶴子紙上発言をめぐって

前項のように、日本は、限定的ながらも、移民を受け入れる方向へと向かっている。経済界を中心に、人口減少状況で労働力需要を満たすために、より大規模な移民受け入れが必要だ、という議論は少なくない。しかし、その方向は望ましいのだろうか。ヨーロッパやアメリカにおける移民政策の現実をみれば、懸念が生じたとしてもそれほど妙ではないのかもしれない。

二〇一七年二月十一日、上野千鶴子が新聞紙上で行った発言は、この懸念を背景にしたものであったといえよう。彼女の発言、および発言への批判を受けた応答は、多くの反響を呼んだ。[12] 以下、日本における移民政策論議の課題を確認するために、若干の検討を行っておきたい（以下、註に記した記号を用いる）。

上野の紙上発言〔1〕、批判に対する最初の応答〔3〕のなかで、移民政策に関わる部分の骨子は、次のようにまとめることができよう。[13]

A （ジェンダーは選択不可能だが）移民となるかならないかは選択可能である。

B 移民を受け入れるか否かは、ホスト国の政治的選択の問題である。

C　移民を適切に処遇できる政治的・社会的条件が整っていない以上、移民を受け入れることは、日本にとって望ましくない。

C―1　移民を多く受け入れると、排外主義を刺激することになる。

C―2　日本の現状では、移民労働者――とりわけ移民家事労働者――への差別や虐待が起こることが避けられない。

これに対して、上野発言を批判する側はどのような議論を行ったか。われわれの関心に照らし、批判の根拠を再構成すると次のとおりである。

P　すでに移民は、合法的移民として、また不法移民としても、日本に存在する。日本はすでに合法的に移民労働者を受け入れる法制度を備えているし、合法的資格を持たずに日本に滞在している不法移民も相当数存在する。[14]

Q　合法的移民だけでなく、不法移民についても、人権が保障されるべきだ。

R　移民の流入は、国家が制度的に統制しきれるものではなく、国家の政治的選択の結果とはいえない。

S　P、Q、Rをふまえれば、移民を受け入れるかどうかは「政治的選択」の問題だと説くことは、望ましくない。その理由は次の三つである。①合法的移民の存在を度外視しかねない。②不法移民を退去強制とすることが、日本政府の選択として認められる、という前提をとっているが、この前提はきわめて論争的である。③ヨーロッパやアメリカにおける移民排斥の動きをふまえて、日本で実現可能な移民政策を論じることは、排外主義を是認したものと受けとられかねない。

上野は、P、Q、Rを受けて、[9]でA、Bの主張を取り下げる旨述べている。しかし、彼女には批判に答える術がまだ残されている。PやRだけでは、今後の望ましい移民政策を明らかにすることはできない。移民受け入れ条件を厳格化し、不法移民の取り締まりを強化するという政治的選択を行う余地が残されるからである。

むろん、現状の移民規制が十分に実効的であるとはいえない。前述のように、アメリカは、とくに一九六五年移民法改正以降、不法入国の統制に失敗してきた。規模が異なるとはいえ、ヨーロッパや日本も同様の事情を抱えている。さらに、Vで述べるように、不法移民の人権保障をいかに行うべきか、また彼らを合法化していくことが是か非か、大いに論争的である。しかしながら、移民規制が全体として無効であるというわけではもちろんないし、不法移民が存在するからといって、ホスト国の政治的選択により移民政策を決めることが許されない、ということには必ずしもならない。

上野発言をきっかけにした論争は、日本の移民政策の是非を考えるうえで検討を要する論点を、消化しきれているとはいえない。[15] しかし、論争から移民正義論上の重要な示唆を得ることはできると思われる。それは、望ましい移民政策を論じるうえで、実現可能性をどのように考慮すべきか、実現可能な移民政策を明らかにするうえで、何を「所与」の条件とすべきか、という問いに関わる。つまり、移民正義の「理想理論」と「非理想理論」の関係である。

上野の発言・応答で力点が置かれていたのは、次のような主張であった。移民の人権を保障し、日本社会の一員として受け入れていくことがいかに望ましいといっても、日本の現状からすれば実現可能性の少ない「理想」でしかない。「理想」に近づいていくための社会改革が必要であることはまったく否定しない。しかし、「理想」に見合わない現実にそくして、実現可能な選択肢を示す「非理想理論」の必要性もまた、否定できないはずである。

この主張は、本文中、ボスニアックのコメントに対し、カレンズが行った応答と重なっている。詳細はVで扱うが、ここでは論点を頭出ししておこう。実現可能性の乏しい道徳理論を唱えていても、画餅に帰すことは避けられない。ならば、自らの道徳的理想に固執するだけでは足りず、反対者も共有しうる規範的前提に依拠して、反論の余地の少ない道徳的主張を引き出す「非理想理論」を示すことが必要なのではないか。

「非理想理論」の必要性自体は否定できないだろう。しかし、問題は実現可能性を考慮する際に、何を「所与」の前提とすべきかである。移民受け入れに消極的で、既存の移民を差別する社会的条件を前提とすれば、移民制限を是とする結論が引き出されることになるかもしれない。しかし、その前提はあまりに保守的で、移民排斥を説く者たちに寄り添いすぎてはいないか。国境の内と外とを問わず、人間に等しく保障されるべき人権があるという道徳的直観もまた、先進諸国で少なからず共有されているはずだ。このような直観に依拠すれば、ホスト国の裁量で移民を制限してよいという結論にはならないはずである。つまり、「所与」として扱ってよい条件をめぐっても、論争は避けられないのである。

「非理想理論」が立脚すべき現実とは何か。前述のように、後にこの問いに戻ることにする。ただしここで一点付言しておきたい。上野発言を十全に評価するためには、ナショナリズムによる移民規制正当化の成否を問うことが不可欠である。国家の成員資格を国民自らが決することは、彼らの政治的自律の核心をなしている。移民をどのように受け入れるかもホスト国国民の自己決定に委ねられるべきである。このような見解からすれば、各国が民主的決定により移民の在留資格を定めることは、道徳的に許容されることになる。

このように述べたからといって、国外にある者の人権保障に対して無関心であってよいということには必ずしもならない。また、在留資格を持つ者を、雇用や教育、社会給付などにおいて差別的に扱うことが許されるかどうかも、議論の余地があるだろう。しかし確認すべきは、仮に上野発言がナショナリズムに与するもので、そのかぎりで「排外主義」に加担しているのだとしても、それゆえ道徳的に正当化できないということには必ずしもならないということである。Ⅲ・Ⅳで述べるように、移民規制を緩和し、長期に在留する移民に一定のメンバーシップを認めるべきとする立場も、移民規制の厳格化を是とする立場も、「理想理論」として成り立ちうる。この点、上野も批判者たちも、「排外主義」の内実を十分に明確にすることなく、斥けてしまっているように見える。

移民正義論の議論状況からすれば、バランスを欠くものだと評さざるをえない。

以上、一部先進各国の移民政策の状況を簡単に振り返ってきた。そこからえられる示唆を、要点のみまとめておこう。

・スウェーデンやドイツの近時の移民をめぐる状況が示しているのは、移民に合法的在留資格を与えるだけでは、十分でないということである。移民をホスト国社会に包摂していくための制度的な手当てが必要だ。この点、フランスは、移民を「一にして不可分の共和国」の一員として組み入れる方針を採ってきたが、その成否はもとより、正当化しうるかどうかも論争的である。

・アメリカ移民法史が示唆していることを部分的に挙げれば、次の二つである。第一に、移民政策がその時々の政治・社会・経済の状況を反映して、大きく変容するものである――当然といえば当然のことであるが。第二に、不法移民対策については、その実効性を考慮せざるをえないとともに、正当化根拠も問題となる。

・日本もいよいよ本格的な移民受け入れに向かいつつある。そのなかで、上野発言をめぐる論争は、移民正義論の十全な検討が必要なこと、移民正義の実現可能性を考慮することが重要であることを示している。

III　開放国境論

それでは、本書の議論に向き合っていくことにしよう。まずはカレンズの基調論文から検討していきたい。

カレンズ「恩赦の根拠」の主眼は、道徳的に望ましい不法移民対策を提唱することにある。彼の提言は、一言でいえば「不法移民であっても、一定期間——五年から七年——の滞在の事実があれば、合法化すべきである」というものだ。

本文を読めばわかるように、カレンズの言い分には賛否両論ある。本解説の目標も、

第Ⅱ部「フォーラム」への寄稿者に連なって、批判的評価を下すことである。しかし、まずはカレンズの移民正義論一般における立場すなわち「開放国境論」、そして「開放国境論」を批判する議論について、瞥見しておきたい。なぜなら、「開放国境論」はカレンズの「理想理論」であるのに対して、彼の説く不法移民対策は、「開放国境論」の実現可能性の乏しさを考慮した、「非理想理論」であるからだ。「非理想理論」の評価を行うためには、先に「理想理論」がどこまで成功しているかを見ておかなくてはならない。

一　移動の自由・機会の平等・世界分配的正義

「開放国境論」の基本的見解をまとめれば、次のようになる（Carens 2013, pp.227-228）。

移動の自由は普遍的人権だ

すべての人間は移動の自由が保障されなくてはならず、それは国境を越えるものであろうとそうでなかろうと同じである。移動の自由はそれ自体人権であるとともに、各人が自らの選んだ人生プランに従って、自律的に生きるためにも不可欠のものだ。

移民規制は移動の自由に抵触する。もちろん、あらゆる出入国管理が不正だというわけではない。テロリストの入国を未然に防止することは許されるだろう。しかし国民を外国人より優遇するためだけになされる移民規制は、後者を前者より不当に不利に扱うもので、道徳的に許されない。

機会の平等は保障されるべきだ

すべての人間は平等に道徳的価値を持っている。そうである以上、各人の社会的地位は、自らの才能と努力により決まるべきで、それらと関わりのない、階級や人種、性差など生まれ持った性質で決められてはならない。つまり社会的地位を得る機会は、才能と能力に応じて、平等に保障されるべきだ。

移民規制は、どこで生まれたかによって社会的地位への機会に差を設けるものであり、不正である。

移民受け入れは世界分配的正義の実現に貢献する

先進国が途上国からの移民を受け入れることで、彼らは貧困から脱する機会を手にする。それは国境を越えた不平等を是正し、世界分配的正義を実現していくきっかけとなる。それゆえ移民規制を緩和することが正義に適う。

二　ナショナリズム批判

開放国境論には、当然のことながら多くの反論がある。もっとも代表的なのは、「リベラル・ナショナリズム」からの批判である。詳細はⅣで述べることにして、ここではその中心的主張のみ示しておくことにしよう。「外国人に対して国民を優先的に扱うことは道徳的に許容される。同胞たる国民と同胞でない外国人とでは、道徳的に要請される配慮が異なる。国民には社会給付など、福祉国家的再分配が求められるが、外国人にそのような配慮を要求する権利はない。移民の受け入れに関しても、ホスト国が国民の意向にそくし裁量により決めてよい。出身国や、技能や言語能力、家族関係などにより移民の滞在資格を制限しても、正義に反しない」。

カレンズは、リベラル・ナショナリズムからの反論にどのように答えるか。以下、いくつかの論点について見ておきたい（Carens 2013: Ch.12）。

正義の射程は基本的に国家内に限られている

リベラル・ナショナリズムは、正義の射程を問題にする。すなわち、正義は、基本的に国家における政治参加の下で成り立つものであって、国家内に限定される。もちろんすべての人間に基本的自由を有する権利があることを否定するわけではない。世界分配的正義に基づいて、先進国には途上国を支援する道徳的義務が存在する。しかしながら、国民に対する道徳的義務とそれ以外の人間に対する道徳的義務には違いがある。そして移動の自由の保障は、前者の義務に含まれる。

カレンズは次のように反論する。国民と他の人間とで、道徳的義務が異なるという前提は、認めてもよい。Ⅴで述べるように、集団への帰属の仕方で、認められるべき権利が変わってくることには理がある。短期滞在者の就労機会が入国資格により一定程度制限されたとしても、不正だとは言いきれないかもしれないし、長期滞在者でも国民同様の社会給付を受ける権利を有するかどうか議論の余地がある。しかし、この前提を認めても、移動の自由の保障が国民にのみ限定される、ということには必ずしもならない。なぜ移動の自由が普遍的な基本的人権ではないのか。とくに移動の自由が各人のライフスタイルの自律に関わっていることからすれば、それが国家内でのみ成り立つ理由を、より明確に示す必要がある。

閉じられた共同体に根差すことは善き生の条件である

移動の自由を制限する根拠として、リベラル・ナショナリズムは、成員資格が限定される閉ざされた共同体で生活することの重要性を説く。家族や友人関係にしても、学校や会社にしても、その成員資格は限定される。そういう集団に根差し縛られて生きることは、われわれが善き生を営む上で欠かせない条件である。一定の限られた人々との安定的関係こそがわれわれの人格を形成するのであり、そういう関係がなければ「根なし草」になってしまう。国家もまたわれわれの善き生にとって必要な、閉ざされた共同体である。そうである以上、国家の成員資格を限定し、移民を制限することは道徳的に正しい。

カレンズからすれば、このような議論も成り立たない。そもそも先進諸国にこれだけ多くの移民がいる現状をどのように説明するのか。途上国からの移民が示しているのは、現在所属する閉ざされた共同体に満足できない人々が多くいること、そして生活のための十分な所得など、閉ざされた共同体のなかで営まれる善き生よりも、重要な財が存在することである。

自己決定と国家の責任

リベラル・ナショナリズムは、国家の責任にも注目する。各国家は自らが行った決定の責任を負うべきだ。浪費の結果貧しくなった国家が、節約の結果富裕となった国家から分配を受けるのは正義に反する。

この議論にカレンズは次のように反論する。国家間の格差が各国家の決定の結果だというのは言いすぎである。旧宗主国と旧植民地の間の格差を考えてみればよい。この南北格差が旧植民地たる途上国の責任だといってすませることができようか。実際の格差は、個々の国家が持つ政治的・経済的影響力の多寡に左右される部分が大きい。その影響力の違いを是正する国際的再分配が十分になされないかぎり、移民の送出国に責任を負わせて事足れりとすることは許されない。

また、世代を越えた国家間の格差に対して、現在世代の各国民が責任を負わなくてはならないというのは自明ではない。個々人がスタートラインの平等を享受すべきだとすれば、個々の国家が過去に下した決定により、現在世代にもたらされた格差も是正すべきである。もっとも重要なのは、個人がたまたま生まれ落ちた国の状況に対して責任を負い、自ら解決すべきだと説くのは、あまりに酷で不正であるということである。

以上の要点をまとめよう。カレンズからすれば、国民を外国人に対して優先的に扱うことそのものが不正だということにはならない。しかし優先扱いが認められるのは、あくまで普遍的な人権保障に抵触しない範囲である。世界のどこに住む者でも、移動の自由が保障されるべきであり、最低限の生活を営むための手当てがなされるべきだ。開放国境論に基づく移民の受け入れは、このような世界正義の要請である。

Ⅳ　開放国境論批判

カレンズの論敵であるリベラル・ナショナリズム側にはどのような反論があるか。ここでは、クリストファー・ウェルマンとデイヴィッド・ミラーの議論を確かめておくことにしたい。ウェルマンは、国家を結社として捉え、個々の結社の成員がその成員資格を裁量的に決定することは道徳的に認められると説く。ミラーは、ナショナル・アイデンティティを保護することが、政治的自律にとって不可欠であるという観点から、開放国境論を批判する。順に見ていこう。

一　結社としての国家

ウェルマンは、国家を結社として理解することで、国家が移民を選別・排除する権利を有することを正当化しようとする。どういうことか。まずゴルフクラブの例から考えてみよう。クラブの成員資格をクラブの会員が決めることは、正義にまったく抵触しない。会員権を買えない者が不満を持ったとしても、彼を会員にする義務がゴルフクラブにあるとはいえない。結社の自由とはそういうものであるからだ。結社の成員資格は結社の成員が自由に決めてよい。(16)

しかし結社がつねに成員の自由意思で形成されるわけではない。例えば、家族や宗教集団の場合、一定の関係性や信条があれば、望むと望まぬとによらず結社に帰属することになりうる。そこでは個々人が結社に属する経緯は、自由意思によるものではない。国家の場合もそうである。それでも成員資格を国民の選択に委ねるというのでよいのだろうか。

ウェルマンはＹＥＳと答えている。なぜか。最大の理由は、個人の自己決定の尊重にある。結社の成員資格は結社の性格を左右するものである。たとえ自ら選んで成員になったわけではなくとも、所属する結社の性格を決める権限は現在の成員に留保される。結社のあり方を自ら決めうることは、個々人の生の自律に結び付いているからである（Wellman and Cole 2011: 29-34）。

このようにして、ウェルマンは国家を結社のアナロジーで捉え、移民を受け入れるかどうかはホスト国の国民の判断に委ねられるべきだと説く。ホスト国が移民の受け入れを制約し、移民の移動の自由が制限されることになったとしても、それは正義に反するものではないのである。しかしこのような議論が本当にまかり通るのであろうか。開放国境論の主張を思い出してほしい。個人には、ライフスタイルの自由と、それを具体化するための移動の自由が与えられるべきなのであった。どこで生活するかを選べてこそ、自らのライフスタイルを追求し実現することができる。さらに、国際的分配的正義の実現を促すことも、開放国境論の根拠であった。自国に満足に収入が得られる働き口がなく、先進国に移住してくる途上国民からすれば、先進国に受け入れられるかどうかは死活問題である。それでもなお、移民の受け入れを拒むことを正義は許すなどということはありえないのではないか。

ウェルマンは、これらの反論に答えて、国家が移民を制限する権利、ひいては国家が特定の移民を排除する権利を擁護しようとする。どのように応答しているか見ていこう。

平等論からの反論への応答

平等論から開放国境論を支持する有力な議論として、次のようなものがある。われわれがどの国に生まれ育つかは運次第である。たまたま先進国——例えばノルウェー——に生まれ、生活していくのに困らないAと、たまたま貧困国——例えばチャド——に生まれ、生きていくのに必要最小限の財すら手に入らずにいるBがいる。AとBの境遇の違いをもたらしたのは、運である。Bは不運の結果、貧困にあえぐことになる。このような状況は、あらゆる人間が平等に扱われることを求める正義に反しているのではないか。むろん、自ら望んで行った行為の結果、生活に困る結果となったというのであれば話は別である。しかし、本人にとってはいかんともしがたい運で、まともな生活ができるかどうかが左右されるのは、正義にもとる。

各人にはコントロールしがたい（不）運とそれがもたらす不平等こそ、正義が解決すべきものである。このような立場を運平等主義（luck egalirarianism）と呼ぶ。運平等主義からすれば、生まれ育ちの運で生活水準が著しく変わってくるというのは、不正である。ここでチャドのある国民が、貧困から抜け出すために、ノルウェーへ移住することを求めたとしよう。彼らを一刻も早く貧困から救い出すために、入国を認めるというのが正義に適うのではないのか。ノルウェーがチャドからの移民の入国を拒むことは不正ではないか（ibid., 57-58）。

運平等主義に依拠して、ホスト国の移民受け入れ義務を正当化するこのような議論に、どのような応答が可能か。ウェルマンは以下の二点を説いている。

①国際的分配的正義の要請

われわれは国を越えた不平等を是正すべき義務を負う。先進国民、途上国民問わず、絶対的貧困の下に置かれる状況を放置することは許されない。また、ただ貧困から脱却できれば足りるというわけではない。すべての人間に基本的人権が保障されるべきである（ibid., 64-68）。

②排除の権利の正当性

他方で、①が満たされるかぎりにおいて、すべての国は移民の受け入れを拒否する権利を有する。その根拠は次のとおりである。たまたまスウェーデンに生まれたが、人生の目標を実現するためにノルウェーに移住することを求めている者がいるとしよう。彼女がノルウェーで生活できるかどうかは、彼女の自律にとって極めて重要な条件である。しかし、ノルウェーが彼女の入国を認めなかったとしても正義に反しない。なぜなら、大切なのは、すべての人々が自らの望む場所で生活できることではないからである。個々人が平等に善き生を営めるようにするためには、関係性独立的（relationship-independent）な財、例えば個々人の財産権を保障したり、個々人が公平に扱われたりすることだけでは足りない。個々人がどのような関係性の下に置かれているかが極めて重要である。ある人々が他の人々から一方的に支配し搾取されるような関係にあるというのでは、彼らの善き生は成り立たない。そうだとすれば、われわれは、関係性独立的な財だけでなく、関係性依存的（relationship-dependent）な財の平等に配慮しなくてはならない。とくに集団的自己決定権——自らが所属する集団のあり方を決定する権利——を、成員が平等に有することが必要である。

関係性依存的な財の平等に注目するこのような議論を、関係的平等主義と呼ぶ。関係的平等主義に基づけば、運平等主義から移民の受け入れを求める議論は成り立たない。なぜなら、集団的自己決定権のなかには、誰を集団の成員とするかの決定権も含まれるからである。成員資格は集団の性格を決める重要な条件である。そして国家の場合でも同様である。国家についても、誰を成員とし誰をそうしないかを決める権利が国民に与えられる必要がある（ibid., 61-64）。

リバタリアニズムからの反論への応答

以上の議論を踏まえて、運平等主義による移民受け入れ義務の正当化が不十分だということになったとしよう。そうであっても、排除の権利が正当化されたことにはならない。なぜなら、移民受け入れ義務は、個人の移動の自由に直接訴えることでも正当化できるからである。とくに個人の財産権の制約を最小化すべしと説くリバタリアニズムならば、国民の集団的自己決定権なるものにより排除の権利を認める議論にまったく魅力を見出さないだろう。例えば、ホスト国の企業が外国人Xと雇用契約を結び、ホスト国に呼び寄せたとしよう。Xの入国を拒むことは、企業を構成する個々人の財産権を制約することになる。そうであれば、リバタリアニズムはXを排除する権利をホスト国に認めることはできない（ibid., 79-80）。

ウェルマンは、以上の議論に対して次のように答える。たとえリバタリアニズムであっても、個人の財産権は絶対不可侵のものと捉えることはできない。リバタリアニズムが国家に求める役割――例えば国防や警察、裁判など最低限の社会秩序維持――に抵触するような財産権行使は、制約されてしかるべきであろう。そうだとすれば、リバタリアニズムであっても、移民の入国により、ホスト国の権利保障にいかなる影響がもたらされるかを考えることは不可欠である。ホスト国国民の権利の保障に大きな負担を与えるような移民の受け入れを、認めなくてはいけないいわれはない（ibid., 87-88）。

二　関係的平等主義

ウェルマンの開放国境論批判において鍵の一つとなっているのは、関係的平等主義である。つまり、開放国境論の成否は、拠って立つ平等論によっても左右されるのである。とくに運平等主義と関係的平等主義との対立は、移民正義論においても大きな争点である。少し説明をしておこう。

運平等主義――ドゥオーキンの資源平等論

運平等主義に与する代表的な論者に、ロナルド・ドゥオーキンがいる（Dworkin 2000: Ch.2）。彼の主張は、個人が「平等な配慮と尊重 equal concern and respect」を受ける権利を有する、というものである。個人は、自分たちを統治する政治制度の設計や運営において、等しい配慮と尊重への権利を有するのでなくてはならない。つまり、「苦しみや挫折を感じうる人間として扱われる」という意味で「配慮」され、「どのように生を送るかについて、理知的な構想を形成し、それに基づいて行為できる人間として扱われる」という意味で「尊重」されるべきである。

それでは、「平等な配慮と尊重」とは、何を平等に分配することなのか。ドゥオーキンは、各人がいかなる資源を持つかに関心を払う資源平等論を支持し、各人が資源によりいかなる厚生を得るかを問う厚生平等論を斥けている。その理由は、人間の善き生を条件づける「人格」（各人の嗜好や企図を含む）と「環境」（各人の身体的・精神的能力を含む）のうち、分配的正義の関心対象は後者にとどまり、前者は本人がその形成に責任を持つべきだからである。

以上のことを少し嚙みくだいて述べてみよう。よい人生を送りたいというのは、万人が望むことだろう。しかし「よい人生」とはいったい何か。幸福に包まれた人生というのが一つの解答である。その時々に実際に幸福を感じて生きること、これこそが「よい人生」だ。しかし、どういう状態であれば幸福かは人によって異なる。人間の三大欲求が満たされていればある程度は幸福かもしれないが、それだけでは満足しきれないし、どうすれば三大欲求が満たされるかも人それぞれである。重要なのは、幸福のために必要な資源はあるが、資源があれば幸福になれるというわけではないことである。金があれば、地位と名声があれば、幸福になれるとはいい切れない。それらが幸福にどのように寄与するかが、人により状況により異なるからである。それでも、一人ひとりの幸福に平等に配慮することこそが正義の眼目だ。このように考える立場が、厚生平等論である。

これに対して、資源平等論は次のように考える。人間は自らの人生のあり方を自ら決定し、自らで責任を持つべきである。そして正義は、あらゆる人間を責任ある個人として平等に扱うことを要求する。資源平等論においては二つのことが肝心である。一つ目は、正義が関心を持つべきなのは、各人が自らの善き生を構想し、それに照らして、どれだけ資源が必要となるかを自ら判断する、という自律である。判断の間違いにより不幸になったとしても、その結果に責任を負わなくてはならない。仮にその責任を他人が肩代わりすることで、本人が幸福になるとしても、正義に反する。

二つ目は、個々人が自らの人生に責任を負いうる範囲に関わる。自らの人生プランの選び方や、与えられた資源を人生プランの実現のためにいかに用いるかは、各人の責任である。たとえば、ある人が世界的に活躍するピアニストになることを志し、最上の練習環境を整え、血のにじむ練習を重ねたのに、ものにならず挫折したとしても、本人の責任である。しかし、生得的な能力の問題で、人生プランの実現を果たせない状況に置かれているのであれば、善き生を保障する一定の社会給付が必要である。つまり、各人が自ら意思し企図した目的のために資源を自由に使った責任はその本人にあるが、本人の意図では変えられない生来の能力や偶発的な財の不平等は是正すべきである。この主張こそ、運平等主義の核心である。

さて、このような運平等主義に依拠した資源平等論は、移民の受け入れに対していかなる見解を採ることになるか。基本的に、開放国境論に親和的なものであろう。どこに生まれるかは人間の意図ではいかんともしがたい「環境」である。貧しい国に生まれ、自らの人生プランもろくに実現できない人々が、少しでも高い所得と安定的な生活を求めて先進国に移住することに何の問題があるのか。むろん、先進国民と途上国民とで、生得的環境の運不運の不平等を是正されるべきだとしても、移動の自由を保障されるべきか否かは基本的には別問題である。出身国で各自のライフスタイルを実現できるのであれば、それに越したことはないかもしれない。とはいえ、現状、著しい国際的な格差があるところでは、世界分配的正義の実現の方途として、広範に移民を受け入れることも必要なのではないか。

しかし、運平等主義には限界がある。われわれは、個人としてどれだけの財を得ているかにだけ関心を持つわけではない。自らの生き様が他人からいかにまっとうなものとして認められるかも、善き生の実現にとって欠かせない条件である。この点、運平等主義は、個々の生の「承認」の不正(「誤承認」)の問題を扱いきれない憾みがある(森 二〇一六:一一三―一二〇)。「誤承認」とは、支配的な多数派の「偏見」を体現した解釈・表象などの文化的なパターンに基づく、特定集団に対するスティグマ化である。ドゥオーキンは、政治共同体内の他者の選好は、正義による分配の対象とはみなさないため、正義にこのようなスティグマ化に対処する術を基本的には与えないのである。そして、移民の社会的包摂のためには、「誤承認」の問題に対処する術も明らかにすべきであろう。

アンダーソンの関係的平等主義

運平等主義の限界に対処しようとするのが、エリザベス・アンダーソンの説く「関係的平等主義」である(Anderson 1999)。彼女の関係的平等主義は、財の分配のみならず、そのなかで財が配分される、主体間の関係性に着目する立場である。厚生平等論、資源平等論(そしてアマルティア・センの潜在能力平等論)も、個人に分配される何らかの財の平等にのみ着目するのに対して、アンダーソンは「権威」や「地位」といった、主体間の関係性に基づいて成り立つ財の平等を、もっとも根本的な要請だと考える。ここでは、誤承認の問題への応答も、正義論の基本的課題である。

アンダーソンにとっての「関係的平等」とは、「民主的平等 democratic equality」である。「民主的平等」とは、消極的には抑圧の除去――家柄、世襲の社会的身分、人種、民族、社会的性差、遺伝子などに基づく差別扱い――、積極的には諸個人が対等な関係で対峙するような社会秩序を意味する。そしてこの両者に見合う潜在能力（capabilities）への権利が保障されるべきとする。

後者の権利こそ、民主国家の平等な市民として機能するのに必要なものである。それは、人間としての機能――生物学的な生を存続させるのに必要な手段、行為主体性を発揮するための基礎的条件への効果的アクセス――だけでなく、協同生産枠組みの参加者としての機能――教育への実効的アクセス、職業選択の自由、他者と契約をする権利、生産における貢献を他者から承認されることなど――、民主国家の市民としての機能、たとえば政治参加の権利、市民社会における財や他者との関係構築のために実効的なアクセス――を含んでいる。

重要なのは、関係的平等主義が、個々人が自らの裁量で処分できる財をどれだけ有するかだけでなく、民主社会でいかなる地位を占めるかに関心を持つことである。具体的には、関係的平等主義は、民主的平等の実現において、各人がどの集団に所属しているか、どのようなメンバーシップの下にあるかに、大きな関心を有する。別の言い方をすると、関係的平等主義は、何を分配されるかだけでなく、それが誰との関係の下で分配されるかを重視する。そして、その関係には、自発的に形成された関係だけではなく、家族関係、地域住民との関係、同じ国民同士の関係なども含まれる。

そうであるとすれば、個々人が各国の政治社会の一員として、平等な関係を築くことも、正義が関知するところになろう。一時的な労働者や不法移民に十分な「民主的平等」を保障できないのであれば、彼らの移住を制限することもまた正義に適うのである。

三　ナショナル・アイデンティティの保護

デイヴィッド・ミラーは、カレンズの開放国境論に反対し、移民を受け入れるか否かは、基本的にホスト国の判断によって決まるべきものだとする。つまりホスト国には、移民の受け入れを制限する権利が存在する。なぜだろうか。その理由は、主に三つある。

政治的自己決定の重要性

一つ目は、国民が自分の国家のあり方を自分で決められる政治的自己決定に、大きな価値を認めるからである（Miller 1995, Ch.4, Miller 2007, Ch.8）。ミラーは、国民同士が、国民全体として決定したこと（たとえば法律）に従う責務、つまり政治的責務が道徳的に正当化されると考えている。しかし政治的責務が成り立つ前提として、そもそも国民が国民全体に関わる事柄を自らで決められなくてはならない。そして、同じ社会の構成員としての資格を誰に認めるかは、国民全体に関わる事柄だ。となると、誰を移民として受け入れるべきかも、ホスト国国民の判断に委ねなくてはならない。

政治文化形成における自律

さらにミラーは、政治文化形成における自律に訴えて開放国境論を批判する（Miller 2016: pp.27-29）。つまり、移民の流入により、ホスト国の政治文化が、その国民のコントロールできない形で変容してしまうことは望ましくない、政治文化の形成や変容に対するホスト国国民の自律を保護するために移民制限が認められるべきだ、ということである。

「政治文化」ときくと奇異に思う読者もいるかもしれない。移民受け入れのあり方が取沙汰されている欧米や日本は、基本的に立憲主義と民主主義を奉じており、保障されるべき人権もおおよそ重なりあう。むろん人権を実現するための制度や統治のあり方には違いがあるが、それが「政治文化」の個別性だといわれるとやや腑に落ちない。しかも、先進諸国はすでに多かれ少なかれ多文化化していて、民族的にも宗教的にも単一とはいえない。そこで各国に一つの「政治文化」があって、それを保護することが望ましいなどと言うことができるのだろうか。

ミラーによれば、それでも国に一つの「政治文化」が存在する。たとえば共通語や、重要視されている政治的価値、どのような振る舞いが社会的に受け入れられるかなどについては、国ごとに異なっているし、各国において一定の収斂があるものだ。そういう政治文化があるからこそ、ちぐはぐなやりとりをすることが少なくなり、相互の信頼が生まれやすくなり、民主的政治過程へのより積極的な参加も可能になる。それ以上に政治文化は、国民に「自分の居場所にいる」という安心感を与えるものである。そのことだけでも政治文化は保護に値する。

もちろん、政治文化はたえず変容している。言語のあり方も、政治的価値の優先順位も、マナーのあり方なども、時代により異なってくる。しかしここで肝心なのは、政治文化の変容を、他から強いられ自ら制御できないのは、個々人の自律を損なうということである。移民の受け入れにより、たとえば就労や教育における政治文化が、ホスト国国民の手の届かないところで変化していくというのは、望ましくない。

ナショナル・アイデンティティは民主主義の地盤である

このこととあわせて、ナショナル・アイデンティティが、民主主義が成り立つための政治的・社会的条件であることにも触れなくてはならない。われわれが民主的な政治の場で討論しあうとき、とくに先鋭な意見の対立があって争いあうとき、敗けた側（少数者）は勝った側（同じく多数者）の判断に従いたくないという気持ちを持ったとしても不思議ではない。それにもかかわらず、敗けた側が多数決の結果に従うべきだと考えるのはなぜだろうか？　それは一方では民主的な議論と決定それ自体を価値だと思うからであり、他方では敗けた方も勝った方も同じ国民であってアイデンティティを共有しているからである（Miller 1995, Ch.3）。

四　開放国境論批判の帰趨

本章でこれまで述べたところを、ここでまとめておこう。開放国境論が、ホスト国の裁量による移民規制が道徳的に正当化されないと説くのに対して、開放国境論批判は次のように応答する。

（a）国を問わずすべての人々に人権が保障されるべきことは認める。しかし、普遍的人権保障は、国境を越える移動の自由を含まない。人々が現在の居住国で人権を享受できるように、国際的再分配を行うべきではあるが、彼らが他の国に移住する自由があるかないかは別の話である。

（b）（a）の理由は何か。移住の許否は、普遍的人権だけでなく、それ以上にホスト国社会のメンバーシップの問題に関わるからである。われわれは、「根無し草」で生きているわけではない。社会の一員として、望ましい関係性が構築され、保障されてこそ、善き生を営むことができる。そして、メンバーシップの諾否は、現

移民正義論 論点	開放国境論	国家主義	リベラル・ナショナリズム	連帯的オーナーシップ論
各国の裁量による移民規制は許容されるか	許容されない	許容される	許容される	許容される
在留を許可しなくてよい者は誰か	(該当せず)	誰でも可	国民でない者	入国希望者の道徳的要求は、政治共同体のオーナーシップの要求を覆さない
在留不許可の正当化根拠	(該当せず)	正義は国境を越えて適用されないから	国民に共有された文化が、正義適合的な社会の前提条件であるから	政治共同体は問題となっている財に対するオーナーシップを要求する
移民政策の提言	ホスト国の裁量による移民規制を認めない	国民にとって最善の政策を選べ(典型的には、高度技能移民受け入れ)	国民でない者の移民を厳格に制限し、移民の同化に尽力すべし	亡命者・難民の規制緩和、外国人労働者受け入れ政策の実施、途上国に害を与えずに行いうる高度技能移民の受け入れ
代表的論者	カレンズ	ロールズ	ミラー	ペヴニック

※Ryan Pevnick (2011: p.16) に基づき、加筆修正した。

在ホスト国の成員である人々の決定に委ねられるべきだ。望ましい関係性の構築のなかには、国民が自律的に成員資格を決定することが含まれるから、また既存の成員が共有する政治文化が、彼らの関係性を規定するから、である。

解説者は、おおむね開放国境論批判に賛同する。その主な理由は次のとおりである。われわれにとって、どの集団に帰属するかが善き生の条件だという、開放国境論批判の主張を受け入れるべきである。Ⅱでも確認したように、移民受け入れの勘所は、移民がホスト国社会に包摂されるか否かにある。在留資格を法的に認めたとしても、それだけでは移民の社会的包摂を保障できない。移民への言語教育や雇用保障、社会給付のあり方が、彼らの生活を左右することもさることながら、ホスト国社会で相応の関係性を有し、差別され抑圧され周縁化されないこともまた、社会的包摂の基本的な条件である。

ただし、ミラーのように、ホスト国の政治文化形成における自律を強調して、移民規制を正当化しようとする議論には、与しえない。移民が就労あるいは納税を通じて、ホスト国社会に貢献していることを過小評価すべきではない。

この点、ライアン・ペヴニックの主張には見るべきものがある（Pevnick 2011 : Ch.6）。彼は次のように説く。移民のなかには、一定の生活保障があれば、ホスト国の言語を話し、ホスト国の労働市場で職を得るための能力を身につけることをいとわない者も多くいる。政治文化についても、先進諸国の立憲民主主義に適応しようとする者は少なくないだろう。そういう者の在留を認めない移民政策は、正義に適うとはいえない。肝心なのは、結社の自由や個々の国の政治文化をどれだけ重視したとしても、ホスト国に移民規制の裁量が与えられるべきという結論にはならない、ということである。ペヴニックは自らの立場を「連帯的オーナーシップ associative ownership」論と呼ぶ。それがいかなる帰結を導くか、次章の末尾で示したい。

本章のまとめと次章への展望として、以下を確認しておこう。

①「世界のすべての人間に人権を」ということであれば、移動の自由の保障を根拠に、移民規制に対しては基本的に懐疑的になる。

②しかしながら、①の考え方を先進諸国が採る可能性はかぎりなく0に近い。より実現可能性のある提案をするとなると、望ましい移民政策の正当化根拠を、移動の自由とは別のところに求めなくてはならない。その最大の候補が、「われわれ人間には、ただ個人として生きるのに十分な財を保障されるだけでなく、一定の関係性の下で生きることが必要である」というものだ。

③このような「関係性」に注目する立場は、往々にして、国家の成員資格——永住権、長期の在留権を持つ者も含む——をその国家の裁量に委ねるべし、という主張に結びつけられがちである。しかし、それは自明ではない。一時的労働者や不法移民であっても、中長期に滞在すれば、ホスト国の人々と一定の関係性が構築され、それが彼らの善き生にとって不可欠なものとなる。

④「関係性」に注目すれば、各自が属する社会のメンバーシップは、既存の成員の

ものである、という議論から離れがたいが、「関係性」の成り立ちをネーションの文化の共有というところに求める必要はないかもしれない。ペヴニックが説くように、各人がその社会に、就労、納税などにより、どれだけ貢献しているかで、メンバーシップの成否を考えることもできよう。だが、ホスト国社会への貢献に注目したとしても、すでに貢献している人々が、そうでない人々に対して有利に扱われてよいことになる。

⑤ ④では、選択的移民制度自体は斥けきれない。開放国境論からすれば、ホスト国の国民にメリットのある、高度技能労働者だけを受け入れることは、移動の自由をホスト国の都合で制限するものであるとともに、国際的分配的正義の実現——つまりはホスト国での就労と国際送金——の点で不満が残る。

⑥ 次章で見るように、国籍、永住権という成員資格に縛られず、一定の生活実態により社会の一員として扱うべきだ、という考え方を押し広げていけば、⑤の問題に答えられるかもしれない。とはいえ、その根拠は結局、先進国・途上国問わず、「世界のすべての人間に人権を」というところに戻ることであろう。移民正義論においては、普遍的人権か何らかのメンバーシップかという対立が根本的である。

そして、ホスト国社会の一員にふさわしい貢献を行っている者こそが、受け入れられるべきだという議論は、普遍的人権にだけ依拠するわけにはいかない。

V　不法移民をどうすべきか

これまで、移民をいかに受け入れるべきかについて、開放国境論とその批判双方の基本的主張をみてきた。しかし本書の主題は不法移民の扱いである。先進諸国はいずれも一定の移民制限を行っており、開放国境論からすれば、そのほとんどが不正である。ここまではよいであろう。それでは、現行の不正な移民法制に反して入国した者を退去強制処分とすることは道徳的に許されないだろうか。

開放国境論の批判者の側でも不法移民の扱いは問題になる。たとえホスト国の移民法制が正義に適っているのだとしても、法に反して入国したのち、仕事をし、教育を受け、家族を持ち、子どもを育てている者を退去強制とするのは、道徳的に問題がないか。

不法移民の扱いについては、合法化する――一定の条件の下「恩赦」を与え「滞在権」を保障し、合法的な在留資格を認める――ことが道徳的に望ましいとする見解と、彼らの「滞在権」を道徳的に根拠づけることはできないとする見解がある。本書の寄稿者のうち、カレンズとナイ、マッセイ、ボスニアック、エルシュテインは、おおよそ前者の見解を支持しているが、その主張内容と根拠には相違がある。一方で、スウェインは後者の見解を主張している。アレイニコフは、両者の論争に決着がつかない以上、よりプラグマティックな対応をしていくほかないと説く。以下、それぞれの立場を敷衍しつつ、検討していくことにしたい。

一　不法移民を合法化する道徳的理由がある

開放国境論の中心的主張を振り返ってみよう。すべての人間には移動の自由とそれによって実現されるライフスタイルの自由が保障されるべきだ。また、就労や教育などの機会をすべての人間に平等に与え、先進国と途上国の格差を是正していくためにも、移民制限が緩和されることが、道徳的に望ましい。だとすれば、移民をどのように受け入れるかはホスト国の裁量で決定してよいということにはならないし、先進諸国の現行の移民法制は基本的に正義に反する。

しかし、話はここでは終わらない。開放国境論がどれだけ強い道徳的確信に裏付けられているとしても、先進諸国民の多数がそれを支持し、移民法制が是正される見込みは、現在のところほぼ皆無である。そこで、開放国境論者が自らの理想を説くだけでは、ほとんどの人々から相手にされずに終いになってしまうであろう。現実を彼らの理想に近づけていこうとするのであれば、開放国境論に反対する者でも受け入れる余地のある、より実現可能性の高い提案を示す必要があるのではないか。

カレンズ「恩赦の根拠」の不法移民合法化論は、このような認識に基づいている。現行の移民法制を裏付ける道徳原理――カレンズ自身はそれだけで満足しているわけではない――に立脚した場合でも、不法移民を合法化する道徳的理由があることを証し立てる。そのようにして現実と折り合いをつけることがカレンズの狙いである。

しかし、カレンズの折り合いのつけ方は適切であろうか。現実に過度に迎合してしまっていないか。ボスニアックのコメントを貫いているのは、このような疑問である。以下、本節ではカレンズとボスニアックのやりとりに重点を置いて議論する。

不法移民の自由の回復こそ合法化の根拠である——ボスニアック

ボスニアックは本書とは別のところで、「恩赦」の意味を分類する形で、不法移民合法化の理由を三つに分類している。それは、赦し（forgiveness）、法執行の限界、そして自由の回復（vindication）である（Bosniak 2014: 28-29）。

①赦し

「恩赦」の一つ目の意味は、過去の違法行為を水に流し忘れ去ることである。違法行為に対する恩赦として、ボスニアックが例に挙げるのは、ベトナム戦争時の兵役拒否に対する恩赦である。他の国民が兵役に就き犠牲になるかたわらで、兵役を免れた者を許さなくてはならないいわれは本来ない。しかしそう考える人々が、違法行為を赦し、その責任追及を控えることで、事態を収拾し和解を実現しようとしてきたのであった。

ここで肝心なのは、赦しとしての恩赦は、あくまでも善行（beneficence）であることだ。恩赦が与えられるべきといえるのは、あくまで恩赦を与える側の道徳的配慮によるのであって、違法行為を犯した者に赦しを求める道徳的権利はない。

不法移民合法化を赦しとして理解することは、比較的容易であろう。たとえ、現行の移民法制が正義に適っていなくても、あえて移民法制に反して入国し居住しつづけた者を無罪放免すべきとはいえない。本来は取り締まられ、退去強制となるのが筋である。それでも数多くの不法移民がホスト国で生活している現状では、筋にこだわりつづけることは、不法移民だけでなくホスト国の国民にも大きな負担をもたらす。そうである以上、不法移民を赦すべきだ。合法化を赦しとして理解する議論は、このように説く(ibid., 29-30)。

②法執行の限界

「恩赦」の二つ目の意味は、法のまったき執行が困難であることに関わる。たとえば税制を考えてみればよい。脱税の余地がなく捕捉率百%の税制は端的に実現不可能である。むろん所得隠しは法的にも道徳的にも許されない。しかし、そうだからといって所得を捕捉し徴税するために無際限の時間と労力を割くことは負担が大きすぎる。一定の期間が過ぎなお税を徴収できない場合は、法執行の便益と負担を衡量して諦めることが望ましい。

不法移民についても同様の議論が成り立つだろう。移民法制のまったき執行のために、全国津々浦々隈なく捜査し不法移民を探し出すことは、当局に過大な負担がかかる。そうである以上、法の目をかいくぐり一定期間滞在しつづけた不法移民については、一度「ご破算 reset」にすることが、行政コストの適正化の観点からして望ましい。つまり「お目こぼし」を与え合法化すべきである（ibid., 30-31）。

③自由の回復

「恩赦」の三つ目の意味は、執行すべき法が不正であること、あるいは法執行が不正な帰結をもたらすことが明らかになった場合、その法執行を見合わせ違法行為者の自由を回復すべきだというものである。たとえばベトナム戦争に反対して市民的不服従を行った者に恩赦を与える場合がこれに該当しうる。もしベトナム戦争が実際不正であったのであれば、市民的不服従者への制裁を回避し、さらなる不正を積み重ねずにすませることが望ましいだろう。彼らは不正を犯したのではなく、不正な法の犠牲者なのである。

既存の移民法制が不正であるならば、不法移民合法化はこの意味で道徳的に望ましいといえよう。不正な移民法制の犠牲者たる不法移民は、処罰されるべきでなく、救済されるべきである（ibid., 31-32）。

ボスニアックが恩赦の根拠としてもっとも筋が通っているとするのは、③である。彼女はここで不法移民合法化をめぐる議論のねじれを指摘する。合法化賛成派は一般に、現行の移民法制が不正であって、不法移民を退去強制とすることが道徳的に許されないと説くが、にもかかわらず合法化を、彼らが本来有すべき自由の回復として扱うことにはきわめて慎重である。むしろ不法移民が退去強制の恐怖に耐え忍んで生活しつづけてきたことは、ホスト国の国境管理法制を尊重する姿勢を示すものでもあり、その点でホスト国の一員として扱われるに値すると述べる。一方で、合法化反対派は、合法化が、本来退去強制すべき者に自由をもって報いるという過ちを犯しているとする。ボスニアックからすれば、合法化賛成派は、反対派の主張に真正面から答えるべきであるのに、それから逃げているのである（ibid., 32-35）。

「社会的メンバーシップ」論――カレンズ

さて、カレンズは不法移民合法化をどのように根拠づけているか。彼が示すのは、大きくいって以下の三つである（カレンズの合法化の根拠については、アレイニコフが要領よくまとめている）。

①一定期間ホスト国に滞在しつづけた不法移民は「社会的メンバーシップ」を形成する

カレンズの合法化論の核をなすのは、「社会的メンバーシップ」に訴える次のような議論である（Carens 2013: Ch.8）。移民法制に反して入国した者も、一定期間ホスト国に居住しつづけた場合には、合法化され滞在権が保障されるべきである。その理由は主に二つある。第一に、個々人の善き生にとって、居住する場所で形成される関係性や利害やアイデンティティが不可欠のものであるからである。第二に、長く居住しつづけた者は、その場所に根を下ろして暮らしており、市民あるいは合法的移民でなくても、社会の成員として平等に扱われるに足る関係性を築いている、と見なすべきだからである。つまり不法移民も、相応の期間居住しつづければ、市民や合法的移民と「社会的メンバーシップ」を共有することになる。そしてこの「社会的メンバーシップ」こそが、滞在権保障の道徳的根拠である。

二つの理由を少し立ち行って見ていくことにしよう。人間にとって集団帰属の価値は根本的なものである。個々人が善き生を営むためには、住む場所や彼を取り巻く関係性に依存する権利の保障が欠かせない。単に個人として、基本的自由が保障されるだけでは十分ではなく、たとえば就労する権利や社会給付を受ける権利のように、個々の社会の成員として有する権利も保護されなくてはならない。

注目すべきは、カレンズの「社会的メンバーシップ」論が、開放国境論批判の主張と軌を一にしていることである。関係的平等主義は関係性依存的財の平等を要請するものであったが、彼もその要請を受け入れているのだ。

しかし不法移民を合法化することを強いられれば、ホスト国の国民が成員資格を自ら決定する権利、つまりは彼らの関係性依存的財が損なわれることになるのではないか。この疑問に答えるのが、上記の二つ目の理由である。ある社会の成員であると認めるべき基準は、長くその社会に住みつづけ他の成員と関係を構築しているという事実である。そのことを蔑ろにするような成員資格は、たとえ既存の成員の自己決定によるものであっても、斥けられるべきなのだ。

②家族生活を送る権利

人間が帰属する集団のなかでも、家族はもっとも重要な価値を持つ。それゆえ家族再結合原則は尊重されるべきである。

③退去強制の害悪は移民法制違反のそれと比較にならないほど大きい

①を前提とすれば、退去強制によりホスト国でいったん築き上げた関係性から切り離された場合に、その移民が被る害悪はきわめて深刻なものだということになる。移民法制違反により生じる害悪と比べて比較にならないほど大きい。

在留期間は重要か

以上三つの理由を見れば、カレンズの合法化論の核心が①にあることは容易に見てとれよう。しかし、ここで二つの疑問が生じてくる。（a）仮に「社会的メンバーシップ」からの議論を受け入れたとして、「一定期間」とはどのくらいの時間なのか。そして合法化如何を在留期間で区切ることはそもそも正当化できるのか。（b）「社会的メンバーシップ」は合法化の道徳的根拠として正しいか。

（a）について、カレンズは、五年から七年が適正だとしている。そして、「フォーラム」でボスニアックはまずここに批判の矛先を向ける。在留期間が五年に満たない者はどうなるのか。五年以上居住しつづけていても、近隣住民や勤務先などとさしてつながりを持たず生活している者もいるだろうし、逆に不法入国後二、三年しか経過していなくても、地域や職場での付き合いが深い者もいるはずである。関係性の実質こそが「社会的メンバーシップ」の成立如何を分けるのであれば、在留期間を合法化の基準とするのは不当ではないか。

カレンズの応答は以下である。個別的事情を勘案すれば、行政に過度な負担が生じるし、行政の恣意的な判断により合法化が左右される危険も大きくなる。その弊害を避けるには、どの不法移民を合法化するか、形式的条件に基づきより機械的に判断できるようにすることが望ましい。

なぜ「社会的メンバーシップ」なのか

しかしボスニアックは、カレンズの応答に満足していない。「社会的メンバーシップ」を合法化の道徳的根拠とするそもそもの動機は、法的な成員資格が不法移民の生活実態や彼らを取り巻く関係性を無視したものになっていることを批判するところにあったはずである。それにもかかわらず、在留期間を合法化基準とすれば、それを満たせない不法移民を周縁化してしまうことになる。カレンズの動機と政策提案とのあいだに本質的な齟齬があると批判されても仕方ないのではないか。

このように考えてくると、「社会的メンバーシップ」論自体にも疑義が向けられてしかるべきであろう。不法移民がホスト国で有する関係性が合法化の一つの根拠だということは認めてもよい。しかし、移民個々人がいかなる関係性の下にあるかを、十分に反映させて合法化することが困難ならば、「社会的メンバーシップ」を根拠とする議論自体有効でないと言えないだろうか。

ここで、カレンズが開放国境論の主唱者であったことを想起すべきである。開放国境論の中核は、個人の移動の自由を、国境の内外を問わず平等に保障すべきだという主張にある。カレンズの移民正義論の基本線は、個人の人権保障に照らして既存の移民法制が不正だと批判するところにあるはずだ。多くの不法移民は、当局への通報を恐れ、病気に罹っても病院で診療を受けることができない。犯罪被害にあっても警察を呼ぶことができない。このような権利侵害を食い止めることこそ、不法移民合法化の第一の目標ではないのか。そうであるならば、不正な移民法制の執行をとりやめ、不法移民の自由を回復する、その意味での「恩赦」こそ、合法化の道徳的根拠の第一であるべきだろう。「社会的メンバーシップ」などという夾雑物を持ちこみ、開放国境論に反対する者たちに、媚びを売るようなまねはやめるべきである。

非理想理論としての「社会的メンバーシップ」論

上述のボスニアックの批判は、一言でいえば、開放国境論と「社会的メンバーシップ」論のあいだに矛盾があると説くものであり、より根源的である。カレンズは次のように応答する。開放国境論と「社会的メンバーシップ」論とでは、議論の目標が異なる。前者はカレンズ自身の道徳的理想を示したものだ。これに対して後者の目標は、開放国境論に反対する者でも受容しうる議論をあえて提示することにある。民主主義においては、異なる意見を持つ者同士の不同意を解決し合意を形成しなくてはならない。そのためには、自らの立場をぶつけるだけでなく、互いの立場からして受け入れ可能な決定の範囲を確定していくことが望ましい。「社会的メンバーシップ」論は、開放国境論者とその反対者との合意可能性を探る試みである。個人の善き生におけるメンバーシップの重要性を認めたうえで、それでもなお不法移民を合法化することが正当化できることを示す。そうすることで、開放国境論への賛否を問わず、一定期間在留している不法移民の合法化では折りあう余地があることが確認できるのである。

ことは道徳的理想が対立していて、理想を説くだけでは事態の改善が見込めない状況――これを「理想対立状態」と呼ぶことにしよう――で、正義論が何をなしうるかという問いに関わる。カレンズの言い分は、開放国境論は「理想理論 ideal theory」であるのに対し、「社会的メンバーシップ」論は、理想対立状態でより実現可能性のある提案を行う「非理想理論 nonideal theory」だ、というものである。

ここで、「理想理論」と「非理想理論」の区別について、簡単に説明しておこう（参照、Stemplowska and Swift 2012、松元 二〇一五：第四章、岸見 二〇一四）。この区別を理解する上でまず参照すべきは、ジョン・ロールズのものである。彼は以下のように考える。「理想理論」は人々が正義原理を厳格に遵守する姿勢――正義原理の要請を理解し、それに従う正義感覚の能力――を持っていることを前提とする。対して「非理想理論」は、正義原理の厳格な遵守は期待できない状態すなわち非理想状態において、より正義に適った社会を目指してどのような矯正的措置を取りうるかを考える。ここで非理想状態をもたらすのは、人間の本性に由来する限界や、個々の状況が歴史的・社会的制約の下にあること、また社会制度や個々人のふるまいが有している不正義である。このような所与の現実に見合った形で、理想に近づいていく方策を描き出すものこそが、「現実主義的ユートピア」である（松元 二〇一五：一一六―一一八頁）。

対して、カレンズは「非理想理論」をより現実主義的に位置づける。まず、近い将来容易に変化しそうにない事実を所与の前提とし、それ以外の部分を改善する漸進的変革を企図する。そして、現実の人々の利害や信念を所与とした場合、変革により彼らがどのようなふるまいをするかを踏まえる。その上で既存の制度や慣行の背景にある道徳理解を敷衍し、その射程を問いただすことで、「理想理論」を共有しない者たちも受け入れ可能な改善の方策を示すのである（岸見 二〇一四：一九―二〇頁）。

不法移民問題に対するカレンズの「非理想理論」では、不法移民の取り締まり権限がホスト国政府にあることは所与の前提とされている。彼の「理想理論」である開放国境論からすれば、移民法制自体が正義に反している以上、その下での不法移民の取り締まりも不正といわざるをえない。しかし所与の条件を裏付ける道徳理解、つまり「社会的メンバーシップ」論からすれば、長く在留する不法移民の合法化を正当化することはできる。それを明らかにすることこそが、カレンズの狙いだったのだ。

しかしカレンズの「理想理論」と「非理想理論」の使い分けは、問題含みである。改めて述べるまでもなく、何を所与とするか自体が論争的である。ボスニアックの「恩赦」論もまた、既存の制度実践の背景をなす道徳理解に立脚するものと捉えることが可能である。そのことは、ナイとアレイニコフのコメントからも確認できよう。つまりナイは、一九九六年移民法まで、アメリカが「不法移民に退去強制と合法化双方で対応してきた」とまとめており、道徳的議論を避けてプラグマティックな解決を図ろうとするアレイニコフですら、一九九六年移民法以前に移民法制を戻すべきだと説いている。実現可能性の高い移民政策において、「恩赦」は欠かせない。その前提を開放国境論の反対者が共有できるとすれば、残るは「恩赦」制度の解釈をめぐる争いであり、普遍的人権保障をベースにしたボスニアックの見解に理がないとは言い切れない。

より一般的にいえば、「非理想理論」が所与の前提としてよい事実は何か、そしてその事実の背景にある道徳理解が何であるか、これらはきわめて論争的である。とくに「理想対立状態」においては、深刻な不同意を伴いうる。そうである以上、カレンズの「社会的メンバーシップ」論が不法移民政策をめぐる合意形成にどこまで役立つものか、怪しいといわざるをえない。[17]

とはいえ、「社会的メンバーシップ」に基づく不法移民合法化が「理想理論」として魅力的かどうかは、別の問題である。この点については、本章の最後に立ち戻ることにしよう。

二　不法移民を合法化することは道徳的に許されない

本書の寄稿者七名中六名までが、何らかの形で不法移民を合法化すべきと説いているのに対して、合法化に強く反対する論陣を張っているのが、スウェインである。さらにアレイニコフも、カレンズの合法化論に反対する道徳的議論に一定の理があることを認めている。本節では両者の議論を検討することにしよう。

合法化はさらなる不法移住を助長する

アレイニコフは、既存の不法移民を合法化することで、さらなる不法移住の誘因を生み出してしまうという懸念について言及している。カレンズの提案どおり、五年から七

未認定の移民人口の入国時期

推計人口（2012年1月）

入国時期	人数（単位:人）	%
全年	11,430,000	100
2005-2011	1,540,000	14
2000-2004	3,250,000	28
1995-1999	2,920,000	26
1990-1994	1,720,000	15
1985-1989	1,110,000	10
1980-1984	890,000	8

年ホスト国に居住しつづけた不法移民を合法化するとすれば、その期間捜査の網の目にひっかからず逃げおおせればすむことだと考えて、外国からより多くの不法移民が流入することになるのではないか。

実際に合法化が新たな不法移民の増加を招くかどうかは、経験的に確かめられるべき問題である。アメリカ国家安全保障省の調査によれば、不法移民の入国時期とその推計人数は、以下のような推移を示している（U.S. Dept. Homeland Security 2012、独立行政法人労働政策研究・研修機構　二〇一五）。一九八六年にレーガン政権下で、また一九九六年にはクリントン政権下で、移民法が改正され、その際既存の不法移民を合法化する一方で、新たな不法入国を阻止すべく国境警備の強化が図られている。双方の移民法改正後、不法移民は増加しているが、そのどこまでが合法化の影響か、一概に述べることは困難であると思われる。一九八〇年以降続く中南米諸国の人口増が移民流入圧力を上げていることは間違いなく、さらにマッセイが指摘するように、ＮＡＦＴＡ下での経済統合が、人口移動を促進している側面もあろう。

しかし移民正義論において肝心なのは、不法移民を助長するか否かではなく、仮に助長するとして、それが道徳的に問題なのは何故かである。その理由については、項を変えて若干言及しておこう。

合法化は市民や合法的移民に対して害悪をもたらす

合法化による不法移民の増加、正確にいえば将来的に合法的移民となる不法移民が増えることが、市民や合法的移民に害悪をもたらすという議論は、比較的見慣れたものである。アメリカでは、とくに保守系シンクタンクの調査などをきっかけにして、不法移民に社会給付を行う負担の増加が問題視されている。一般に、学歴の低さと相関して、税収と比較した社会給付負担が大きくなるといわれており、経済的・社会的環境から低学歴化しやすい不法移民が増加すれば、財政により重い負担がかかることになる（独立行政法人労働政策研究・研修機構　二〇一五）。

このような合法化批判に対しては、不法移民の雇用がもたらす社会の便益を考慮していない、また不法移民の置かれている劣悪な状態、とくに所得を改善していくことで、負担が緩和される余地がある、などの反論が可能ではあろう。さらに移民受け入れを国際的分配的正義の実現の一環として捉えるならば、財政負担の増加が道徳的に問題だとは必ずしもいえない。いずれにしても、重要なのは、不法移民がもたらしうる財政負担の増加が、道徳的に認められないのは何故かである。この問いに答えるには、世界正義論の検討が必要であるが、その紙幅がないため、本解説では割愛する。

合法化は不公平である

ここまで、不法移民の合法化がもたらしうる諸帰結が正義に反するという主張を扱った。これに対して、合法化すること自体が正義に抵触するという議論も成り立ちうる。

①違法行為に報酬を与えることは許されない

スウェインは、不法移民を合法化することは、違法行為に褒美を与えるようなもので到底道徳的に認められないとする。ここでまず問われるべきは、スウェインが現行のアメリカ移民法制を正しいものと考えているか否かである。本書でスウェインの見解は必ずしも明らかでない。もし移民法制が正しいものだとするのであれば、不法移民に制裁を与えることはひとまず匡正的正義に適うといえよう。問題は不法移民を拘束し退去強制とすることが、法の目的に照らしてどこまで必要かである。移民法制が不正あるいは道徳的に疑わしいものであれば、違法行為に制裁を科すことが正しいかどうかは悪法問題の一部である。

ひとまずスウェインが前者の見解に与しているとしよう。カレンズは以下のような応答を行っている。不法移民の取り締まり権限がホスト国政府にあることを前提としても、移民法制違反は基本的に行政犯（法定犯）であって自然犯ではない。行政犯とは、たとえば交通法規に違反する行為である。交通法規は道路交通の秩序を保ち、交通事故を避けるためにある。逆にいえば、交通安全が図られる範囲であれば、違反があったとしても、さらにそれを見逃しても、交通法規の目的は果たされうる。つまり、法が守るべき社会の便益に反しないかぎり、違反行為の存在は法の目的に抵触しない。自然犯、たとえば殺人ではそうはいかない。どの殺人行為も、見逃してしまえば基本的に法の目的に抵触する。一つひとつの殺人が法の保護すべき法益を侵害しているからである。

移民法制の目的が、ホスト国社会の便益を保護することにあり、一定範囲の違反を許容してもその目的を達しうる、ということは間違っていない。目的が人口過密を避けることであれ、国民の雇用や社会給付を優先することであれ、ホスト国の自律的なメンバーシップであれ、一定数の不法移民を許容し、さらに合法化する余地はあることだろう。

しかしカレンズの応答には疑問が残りうる。「移民法違反に褒美を与えてはならない」という主張を、次のように理解したらどうなるか。なるほど一定数の不法移民を合法化しても、移民法制の目的は実現できる。だがもし不法移民をすべて合法化するとしたら、目的を果たしえないだろう。そうだとすれば、合法化できる不法移民の数や条件には限界がある。そのために、在留年数を合法化の基準とするとしよう。しかし、ボスニアックのカレンズ批判にのっとれば、そのような合法化は道徳的に恣意的である。ならば在留年数で合法化如何を分けるのは不公平ではないか。もしどのような基準を立てても合法化を一部の不法移民に限定することが恣意的にならざるをえないのだとすれば、全員合法化しないのが公平である。つまり、全員に合法化という褒美を与えることが移民法制の目的に反し、褒美を一部に限るのも不公平であるならば、誰にも褒美を与えず、全員に制裁を科すのが公平だ。

以上の疑問にカレンズが応答するためには、合法化を「社会的メンバーシップ」で根拠づけ、在留年数をその基準とすることが道徳に適うことを説明しなくてはならない。こうして、われわれはカレンズとボスニアックの論争に引き戻されるのである。

②合法化は正規移住待機者に対して不公平だ

それでは、現行のアメリカ移民法制が過度に移民を制限しており不正だと考えるならば、どうか。なお合法化が不当だと考える余地がある。アレイニコフは、不法移民合法化が「順番とばし」だとして批判される余地があると述べている。正規の手続でアメリカの永住ビザあるいは就労ビザを手にするため、学歴や雇用主等の条件を整えようと必死になっている外国人からすれば、不法移民は「ずる」をしているのであり、さらに合法化されるとなれば「正直者が馬鹿を見る」。つまり合法化は、正規移住待機者に対して不公平である。

「順番とばし」をしている者の言い分からすれば、待てど暮らせど発給される見込みのないビザを待っていては、生活が立ちいかない。不正な移民法制の下では不法入国もやむをえない。しかし不正だからといって、法に反して移住することが道徳的に許されるであろうか。

ここで参照されるべきは、悪法問題への応答、とくに公平性による遵法責務の正当化(以下公平性論)である。公平性論は以下のように説く。たとえ不正な法であっても、その法域にいる人々に法システムが必要な便益をもたらしていて、彼らの協力なしにその便益の生成・供給ができない場合には、その法に従う道徳的義務すなわち遵法義務が成り立つ。なぜなら、不正な法への服従は、法システムの便益に対する応分の負担だからだ。逆に不正な法に背くことは、便益を享受しながら、服従の負担を他の人々に負わせておいて自らは免れる、「ただ乗り」である。

一般に、遵法責務論は、国民がその国の法に従う道徳的責務を主題とする。日本の社会保障法が、日本国民に過度な給付を行っているとしても、その便益を享受している以上は服従しないと不公平だ、というような具合である。では移民法制はどうであろうか。その名宛人には、これから移住しようとしている外国人も含まれる。外国人にホスト国の不正な移民法制に従う道徳的義務が成り立つか否か。

成り立つとは言い切れないだろう。不正な移民法制により移住待機者も不法移民も不当な負担を強いられている。しかも移民法制を定めたのは、彼らではなくホスト国である。自らがあずかり知らぬところで制定された法に従い、その負担を負わなくてはならないいわれはない。このように考えることに一定の理がある。

もちろん、その不正な法に従い便益を受けとっている正規移民も不法移民もいる。しかし問われるべきは、その便益が移民法制に従うに足るだけの内実を有しているかだ。長い列に並んでようやく移住が適う正規移民、退去強制をおそれびくびく生活している不法移民が、遵法責務を正当化するだけの便益を享受しているとはいえないだろう。

以上をまとめよう。アメリカの移民法制が不正であるとすれば、合法化は不公平とはいえない。

③不法移民が職を奪う
最後にスウェインの中心的主張を見ておくことにしよう。貧困や周縁化にあえぎ救済を必要としているのは、不法移民だけではない。アメリカ国内の黒人や合法的移民たちも同様である。しかも不法移民は、社会的弱者から低所得の職を奪う。不法移民がいかに悲惨な生活を送っているとしても、彼らが原因で正規の成員がより劣悪な状態へ追いやられるのは間違いだろう。アメリカ国民が配慮すべきは、不法移民でなく、黒人や合

法的移民である。

スウェインの言い分を評価するためには整理が必要である。まず彼女の主張は、国民を外国人より優遇すべしというナショナリズムに与するものとして理解しうる。Ⅳでみたとおり、われわれは基本的に開放国境論批判に与しており、この点にかぎってはスウェインに与してもよい。

しかしナショナリズムに立脚しても、不法移民と黒人・合法的移民、どちらの社会的弱者に配慮すべきかと問うことは、適切とはいえないだろう。不法移民に労働基本権を保障し、労働市場で他の国民とより対等に渡りあえるようにすれば、使用者が不法移民を雇う利得は失われていく、というカレンズの応答には理がある。また黒人や合法的移民の不遇は、アメリカ国民相互の格差によるものでもある。その格差是正がなされないことへの不満から、不法移民の排除に向かうのは少なくとも短絡的ではあろう。

三　望ましい不法移民対策とは?

これまでの不法移民対策に関する議論を簡単にまとめておこう。

・開放国境論主唱者のカレンズは、主論文では、一定期間の継続的居住を根拠に、不法移民に滞在権――就労権、それに伴う労働基本権を含む――を認めるべきだとする。開放国境論では移動の自由や国際的分配的正義により、ホスト国の裁量で移民規制を行うことを禁じたが、主論文ではホスト国での生活実態に基づく「社会的メンバーシップ」により、不法移民の合法化が道徳的に望ましいと説く。

・普遍的人権こそが開放国境論、そして不法移民合法化の根拠だとするボスニアックからすれば、カレンズの「社会的メンバーシップ」論は、開放国境論批判に迎合しすぎている。ホスト国社会で移民が築く関係性が、移民の善き生を左右する条件だということは否定しない。しかしより基本的な要請は、移民の自由の保障というところにあるはずである。そうだとすれば、滞在年数で合法化如何を決めるカレンズの議論をとるわけにはいかない。ことアメリカの不法移民対策に限ったとしても、一九九六年まで不法移民合法化と新たな不法移民流入の抑止はその両輪であったのであり、前者に対してカレンズより積極的であるべき理由は残される。

・既存の国民相互の関係性を重視する開放国境論批判からすれば、現在の法的在留資格を、不法移民が一定期間居住しつづけているという事実に照らして拡張することには、疑義がある。単なる居住だけでホスト国社会の一員として扱うべきではない。言語能力や政治文化への適応、就労や納税を通じたホスト国社会への貢献など、社会の一員となるための条件は他にも存在する。中長期滞在している不法移民の合法化を、それらの条件に基づいて制約したとしても、正義に適う。

解説者は、Ⅳで紹介したペヴニックの「連帯的メンバーシップ」論に依拠して、以下のように提案したい（Cf. Pevnick 2011: Ch.7）。

①「社会的メンバーシップ」のみを不法移民合法化の道徳的根拠としてはならない

カレンズは、「社会的メンバーシップ」の成否を移民の滞在期間のみで決まるものとし、不法移民も長期に滞在すれば社会の一員として扱うべきだと説く。解説者はこの主張に与しない。

移民一般に滞在権を付与する上での必要条件として、「社会的メンバーシップ」を位置づけることは認めうる。ホスト国に長期に滞在するために政治文化への同化まで求めることは適切ではない。ただし、就労と納税を通じたホスト国社会への貢献を、「社会的メンバーシップ」を認める条件として加えるべきである。

しかし、こと不法移民合法化については話が別である。不法移民がホスト国に滞在するようになった経緯が道徳的に重要である。つまり彼らは、既存の成員の同意抜きに入国し、滞在しつづけているのである。それは成員資格を決定するホスト国国民の自律を根本的に損なう。たとえ移民規制がホスト国の裁量に委ねられることが誤りであるとしても、ホスト国の決定を無視して滞在することが認められてよいわけではない。それゆえ不法移民の統制は、基本的に正義に適う。

②移民労働者受け入れを拡充すべきである

他方で、不法移民流入の背景に対しては、十分な配慮が求められる。Ⅳの末尾でも述べたように、移民流入圧力の主要部分は、最低限の生活すら覚束ない状況から脱け出すために、より高く安定した所得を求めて、先進諸国で就労しようとする人々の存在である。

先進諸国は一時労働者の受け入れを拡充せねばならない。それこそが不法移民の増加を食い止めるために、第一に必要な対応である。不法移民の入国管理や不法移民の統制を厳格化しつつ、移民にホスト国での就労機会をより多く与えることが、現状、より実現可能性の高い移民政策である。

註

（1）本解説をまとめるにあたって、（横濱　二〇一六）を部分的に活用したところがある。

（2）本解説中、本文を参照する際には、頁数のみを表記する。

（3）ニュー・デモクラシー・フォーラム欄でなされた論争には、我が国でも著名なものが多い。目立つところだけ挙げれば、Martha C. Nussbaum with Respondents, *For Love of Country: Debating the Limits of Patriotism* (Joshua Cohen ed., Beacon Press, 1996)（辰巳伸知・能川元一訳『国を愛するということ——愛国主義（パトリオティズム）の限界をめぐる論争）』人文書院、二〇〇〇年）、Susan Moller Okin, et. al. *Is Multiculturalism Bad For Women?*(Joshua Cohen, Matthew Howard, and Martha C. Nussbaum eds., Princeton University Press, 1999)⊠Norman Daniels, Bruce Kennedy, and Ichiro Kawachi, *Is Inequality Bad For Our Health?* (Joshua Cohen ed.,Beacon Press, 2001)（邦訳、児玉聡監訳『健康格差と正義——公衆衛生に挑むロールズ哲学』勁草書房、二〇〇八年）、などがある。

（4）原論文とコメントは、*Boston Review* のウェブサイトで読むことができる。
http://bostonreview.net/forum/case-amnesty/joseph-h-carens-responds

（5）日本語によるカレンズの業績の紹介・批判的検討としては、主に次のものがある。
・川瀬貴之「文化批判の作法——ジョセフ・カレンズの議論をてがかりに」『法哲学年報』二〇〇八、二〇〇九年、一七三—一八〇頁。
・浦山聖子「移民の正義論——リベラルな平等主義とナショナリズムの関係」『法哲学年報』二〇〇九、二〇一〇年、一六八—一七四頁。
・浦山聖子「グローバルな平等主義と移民・外国人の受け入れ（四）」『国家学会雑誌』第一二五巻第一・二号、一—四〇頁、「グローバルな平等主義と移民・外国人の受け入れ（五・完）」『国家学会雑誌』第一二五巻第三・四号、一二九—一五三頁。
・岸見太一「J・H・カレンズの移民の倫理学——政治理論における理想と現実の統合の一方法」（『早稲田政治公法研究』第一〇五号、二〇一四年、一七—三三頁）。
・森村進「移民の規制は正当化できるか？」宇佐美誠編『グローバルな正義』勁草書房、二〇一四年、第五章。

（6）そして、「フランス的平等」と憲法秩序との相関については、憲法学者樋口陽一が、次のような有名な分類を行っている（樋口陽一『憲法という作為——「人」と「市民」の連関と緊張』岩波書店、二〇〇九年、四一—五二頁）。

ルソー＝ジャコバン型

①中央集権

地方分権、さらに連邦制に対して消極的。人民は、いわば無媒介に中央政府と対峙する「裸の個人」として捉えられる。

②結社の自由に対する消極的姿勢

①とあわせて、個人が結社をつくることに対しても比較的消極的である。フランス革命が目指したのは、中間集団とくに教会や身分集団によって社会が分断されない「一にして不可分の共和国」を形成することであった。その目標からすると、個人が、とくに政治において、特定の結社に帰属し、結社のメンバーとしての利益や意見に固執することは避けられるべきである（ちなみに、フランスで結社の自由が法で定められたのは一九〇一年である）。

③議会主権

新しく法を創造する機能は、国民一般の普遍的意思つまり「一般意思」としての法律（議会制定法）が独占する。行政は、法律の執行において「公」を代弁する。そして法律家（裁判官、弁護士）は基本的に「私」の利益を代弁するものとされる。

トクヴィル＝アメリカ型

①地方自治の重視

アレクシス・ド・トクヴィル『アメリカのデモクラシー』は、民主主義がはらむ「多数の専制」の問題を指摘した。同じ本で、アメリカの地方自治志向の高さについても言及している。トクヴィル曰く、（一八二〇年代～一八三〇年代の）アメリカでは、政治の基本単位（人々が日常的に関心を持つ政治が行われる単位）は、自らの属するコミュニティ（タウンシップ）であり、それより大きな単位（郡（カウンティ）、州、連邦）での政治は、コミュニティ内部では解決できない利害調整を行うものと考えられていた。

②**結社の重視**
同じくトクヴィルによると、アメリカ人は何かと結社を作りたがる。同好会的なものから政党まで、アメリカ人の社会生活で結社は欠かせず、結社を中心に社会が動いている。

③**判例法主義**
州議会や連邦議会は当然法律を制定してはいるが、新しく法を創造する役割の多くは、裁判所つまり裁判所によって形成される判例に与えられる。したがって判例形成にかかわる裁判官や弁護士などの法律家は、単に私的利益の代弁・調整を行うだけでなく、私的紛争の司法的解決を通じて、公の秩序を形成することが期待されている。

(7) 一九八九年、フランスのある町(クレイユ)の公立中学校で、スカーフ——ヒジャブと呼ばれる——をまとって登校したイスラム系移民第二世代(移民の子ども)の女生徒二名が、教師から教室内に立ち入ることを禁じられた。さらに彼女たちは、校長の注意にもかかわらずスカーフをとることを拒否したため、停学処分となった。その理由は、スカーフはイスラム教のしるしであり、それをまとって登校することは、フランスの政教分離(ライシテ laïcité、世俗性、非宗教性とも訳される)に反するから、というものであった。

(8) 神戸高専剣道実技拒否事件(最判平成八年三月八日、民集五〇巻三号四六九頁)が、比較のために最良であろう。「エホバの証人」の信者である(元)生徒が、信仰上の理由で剣道の履修を拒否した。生徒はレポート等による代替措置を求めたが、教員はそれを斥けた。生徒は二年度にわたり体育の単位を取得できず、そのため二度の原級留置により退学処分となった。生徒がこの処分の取消を求めて神戸高専を訴えたのが、この事件である。最高裁は、高専が代替措置をとらなかったことは裁量権の逸脱であり、生徒の信教の自由を配慮しないものだとして、処分を取消す判決を下した。

（9）貴堂嘉之『アメリカ合衆国と中国人移民——歴史のなかの「移民国家」アメリカ』（名古屋大学出版会、二〇一二年）、第一章から第三章を参照した。

（10）ナイの主著 *Impossible Subjects: Illegal Aliens and the Making of Modern America* は、十九世紀後半から第二次大戦までの移民政策史を、中国人の扱いを中心にして叙述したものである。

（11）以上のアメリカ移民法史のごく簡単な要約を見るだけでも、アメリカが「移民国家」だという、日本でも広範に共有されている認識が、いかに不十分なものか理解できよう。

（12）上野紙上発言をきっかけとする主な発言は、以下のとおりである。

[1] 上野千鶴子「平等に貧しくなろう」中日新聞二〇一七年二月十一日朝刊「考える広場この国のかたち——3人の論者に聞く」

[2] 移住者と連帯する全国ネットワーク「『中日新聞』『東京新聞』（二〇一七年二月十一日「考える広場この国のかたち　3人の論者に聞く」）における上野千鶴子の発言にかんする公開質問状」（二〇一七年二月十三日付）

[3] 上野千鶴子「人口減少か大量移民か？　ちづこのブログNo.113」（二〇一七年二月十六日付）https://wan.or.jp/article/show/7070

[4] 岡野八代「移民問題は、「選択の問題」か？——上野さんの回答を読んで」（二〇一七年二月十八日付）https://wan.or.jp/article/show/7073

[5] 清水晶子「共生の責任は誰にあるのか——上野千鶴子さんの「回答」に寄せて」（二〇一七年二月十九日付）https://wan.or.jp/article/show/7074

[6] 北田暁大「脱成長派は優し気な仮面を被ったトランピアンである――上野千鶴子氏の「移民論」と日本特殊性論の左派的転用」SYNODOS（二〇一七年二月二十一日付）http://synodos.jp/politics/19136/2
[7] 稲葉奈々子・髙谷幸・樋口直人「排外主義に陥らない現実主義の方へ――上野千鶴子さんの回答について」（二〇一七年二月二十二日付）https://wan.or.jp/article/show/7085
[8] 木村涼子「「日本社会のフェミニズム」の人権意識――上野千鶴子さんのインタビュー記事および回答をめぐって」（二〇一七年二月二十四日付）https://wan.or.jp/article/show/7100
[9] 上野千鶴子「ふくざつなことをふくざつなままに　ちづこのブログ No.114」（二〇一七年二月二十六日付）https://wan.or.jp/article/show/7108

（13）上野の紙上発言の核心は、生産年齢の減少を移民で穴埋めすることが困難である以上、日本の経済成長を望むことはできない、そうだとすれば「平等に貧しくなる」のが、もっとも望ましく実現可能性のある選択肢だ、という主張にある。北田暁大の批判［6］の大部分は、この主張への反駁に向けられている。

しかし本項では、この点には触れないこととする。上野の立論は、日本の移民法制と移民の社会的周縁化の「現状」を前提にするならば、大量の移民を日本に受け入れることは、実現困難でかつ望ましくもないというものであり、批判者の関心は何をもって「現状」と見なすべきかに集中しているためである。つまるところ、上野発言から始まる論争の争点は、「理想理論」と「非理想理論」の関係にある。

とはいえ、経済成長のために、高度な技能・技術を有し、日本語能力の備わった移民を受け入れることが望ましいとして、そのような移民のみを受け入れる選択的移民制度が、正義に適うか否か、また単純労働者の不足を移民により賄うことが正義に適うか否かは、理想理論としての移民正義論の中心的な問題であり、Ⅲ以降で検討する。

(14) 法務省によると、中長期外国人在留者は、二〇一六年六月末で、二百三十万人余、不法在留者数は、二〇一三年一月一日で、六万二千人余である。

(15) 上野発言への批判と応答という条件下でなされたものである以上、論点が絞られることが避けられないのはあらためて述べるまでもない。上野発言への批判が、今回の発言と、上野の年来の主張とが整合的でない、というところにもっぱら焦点を当てていたことからすれば、なおのことそうである。しかし、Ⅳで述べるように、ホスト国の裁量による移民制限を道徳的に正当化しうるのだとすれば、彼女にはなお応答の余地が残されていたはずである。本解説は、論争が積み残した論点の一部を、移民正義論の観点から取り上げることで、上野の期待する「公論」の一端を担うものでもあるかもしれない。

(16) 二〇一六年十二月、東京五輪ゴルフ競技会場に予定されている、霞ヶ関カンツリークラブ（埼玉県川越市）の会員権が男性に限定されていることが、オリンピック憲章——たとえばオリンピズムの根本原則6「このオリンピック憲章の定める権利および自由は人種、肌の色、性別、性的指向、言語、宗教、政治的またはその他の意見、国あるいは社会のルーツ、財産、出自やその他の身分などの理由による、いかなる種類の差別も受けることなく、確実に享受されなければならない」——に抵触するとして、国際オリンピック委員会（ＩＯＣ）から問いあわせを受けた。結社の自由に訴える議論からすれば、性差に基づいて会員資格を制限することが、正義に反するとはいえないだろう。

結局、二〇一七年三月、同クラブは内部規則を改定し、女性正会員を認めることとなった。

(17) 実際のところ、カレンズの提案自体は、その後オバマ政権下での不法移民政策にある程度掉さすものとなった。Ⅱでも述べたように、二〇一四年、オバマ大統領は行政命令により、五百万人の不法移民の退去強制を猶予し、合法化した。

読書案内

本書の内容を理解するうえで役立つ本・論文のうち日本語で読めるものを、紹介しておきたい。

解説でも明らかにしたとおり、不法移民問題への規範的な応答は、移民正義論をベースにする必要があり、移民正義論は、国境を越えて正義が成り立つか否かを考える世界正義論の一分野として位置づけられる。一方で、移民の受け入れをめぐる政治的・法的・社会的事情は、各国で大いに異なる。そこで以下では、①世界正義論、②移民正義論、③各国の移民事情とわけて、読書案内を行うこととする。

一　世界正義論

　現代英米正義論で、「正義は国境を越えるか」、とりわけ国境の内外での格差是正が正義の要請するところか否か、は中心的問題の一つである。この問いにYESと答えるものとして、まず、**ピーター・シンガー『グローバリゼーションの倫理学』（山内友三郎・樫則章監訳、昭和堂、二〇〇五年）、とくにその第六章**が挙げられる。シンガーは、功利主義の立場から、国民と外国人を差別扱いすることを批判し、地球環境問題や国境を越えた再分配などについて提言を行っている。**トマス・ポッゲ『なぜ遠くの貧しい人への義務があるのか――世界的貧困と人権』（立岩真也監訳、生活書院、二〇一〇年）**は、途上国の貧困の原因が、過去の植民地支配だけでなく、関税障壁など先進国に有利な制度的条件による直接・間接の加害にもあるとし、その害に対する匡正的正義により世界的な格差是正――制度的格差是正――の義務を裏付ける。わが国においては、**井上達夫『世界正義論』（筑摩書房、二〇一二年）、とりわけその第四章**が、ポッゲの議論を批判的に受容し世界分配的正義を擁護する。

　これに対して、国境を越えて格差是正を行うことに消極的な議論として、まずは**ジョ**

ン・ロールズ『万民の法』（中山竜一訳、岩波書店、二〇〇六年）を挙げるべきである。ロールズ『正義論』が、現代英米正義論の参照点でありつづけているのと同様に、『万民の法』も、その後の世界正義論が批判し克服するターゲットでありつづけてきた。とくに、『正義論』が、格差原理に基づく再分配を正義の眼目としたのに対して、『万民の法』では主権国家体制下の社会的・経済的不平等を一定程度容認したことには、上記のポッゲや井上をはじめ、多くの論者からの批判がある。この批判に応対する一つの方途は、国民相互の特殊な紐帯に道徳的意義を認め、再分配において国民を優先することを是とする、リベラル・ナショナリズムである。リベラル・ナショナリズムについては、デイヴィッド・ミラーの一連の著作が参照されるべきだ。とくに、**『国際正義とは何か――グローバル化とネーションとしての責任』**（富沢克他訳、風行社、二〇一一年）は、国民相互の分配的正義と、生存権を中核とするグローバルミニマムとしての人権保障とを区別して、先進国の途上国への再分配義務や、移民の受け入れ義務を限定しようとする。またミラーが、ネーションにいかなる規範的意義を与えているかについては、**『ナショナリティについて』**（富沢克他訳、風行社、二〇〇七年）も見ておかなくてはならない。

さらに、世界正義を論じるにあたっては、「個々の主権国家がその国民への再分配に責任を持つべきだ」という「常識」への対処が問題となる。国境の内と外とで差別扱いをすることを、正義は認めないと説いても、「常識」は容易には変わらない。ではいかにすべきか。ここで人々が正義原理を厳格に遵守する姿勢をとることを前提とする「理想理論」と、部分的にしか遵守しない状況から出発する「非理想理論」の区別が重要となる。正義論における「理想理論」と「非理想理論」の峻別については、**松元雅和『応用政治哲学――方法論の探究』**（風行社、二〇一五年）の第四章から第六章、**田村哲樹「政治／政治的なるものの政治理論」井上彰・田村哲樹編『政治理論とは何か』**（風行社、二〇一四年）第二章などを参照されたい。

以上の世界正義論の現状については、**マリー・ドゥリュ＝ベラ『世界正義の時代』**（林昌宏訳、吉田書店、二〇一七年）**に付された井上彰の解説「解題――グローバル正義論に関する覚書」**が、きわめて見通しのよい展望を与えている。

二　移民正義論

世界正義論では日本語で読める文献が多くあるが、移民をホスト国でいかに受け入れるべきかを論じる移民正義論には、手頃なものがあまり多くない。三でも述べるように、個々のホスト国社会で移民がいかに受け入れられているか・排除されているかを、政治学的・社会学的に描き出すものは多くある。これに比して、日本語で読める、移民問題の規範的議論が乏しいことは、日本の移民政策や移民論議の現状を反映したものなのかもしれない。

世界正義論を踏まえた移民正義論については、浦山聖子の研究がより体系的である。**「グローバルな平等主義と移民・外国人の受け入れ（一）―（五・完）」『国家学会雑誌』第一二四巻七・八号六一二―六六一頁、九・一〇号七五八―八〇五頁、一一・一二号八五七―八八八頁、第一二五号一・二号一―四〇頁、三・四号一二九―一五三頁**は、有力な世界正義論の批判的検討を行ったうえで、本書解説で扱ったカレンズの開放国境論およびその批判に診断を加える。浦山がリベラルな平等主義に依拠しているのに対し、リバタリアニズムから移民規制を批判するのが森村進である。**森村進「移民の規制は正当化できるか？」宇佐美誠編『グローバルな正義』**（勁草書房、二〇一四年）第五章、同**「移民規制に対するリバタリアンの議論」『千葉大学法学論集』第二九巻一・二号六二三―五九七頁**。本書解説中のカレンズや、ウェルマンとコールの対論にも言及している。

移民をいかに受け入れるかは、ホスト国における国民相互の統合や再分配のあり方と密接なつながりを持つ。この点、ヨーロッパ各国における移民の社会的統合の実相を明らかにしつつ、福祉国家とナショナルなものの切り離しがたい関係を指摘し、日本の移民問題への教訓をも引き出そうとする**谷口功一「郊外の多文化主義」『アステイオン』第八三号**（特集「マリティプル・ジャパン――多様化する「日本」」）、二〇一五年、三八―五五頁は、先進諸国の移民問題一般に規範的提言を行ううえで不可欠な視角を提示しており、必読である。

三　各国の移民事情

先進諸国の移民問題の諸相――移民の就労問題や教育問題、国際送金による格差是正、途上国から有能な人材が流出する「頭脳流出」問題など――を手っとりばやく見渡すためには、**ブライアン・キーリー『よくわかる国際移民――グローバル化の人間的側面』（濱田久美子訳、明石書店、二〇一〇年）**が使い勝手がよい。

①ＥＵ

ＥＵ全体の移民政策については、周知のようにシリアからの難民流入、またブリグジットの際にも話題になった。ＥＵとＥＵ各国の移民排斥への動きを概観するには、**高橋進・石田徹編『「再国民化」に揺らぐヨーロッパ――新たなナショナリズムの隆盛と移民排斥のゆくえ』**（法律文化社、二〇一六年）が至便である。

またＥＵ諸国の移民政策が変容していった要因を探るためには、**水島治郎『反転する福祉国家――オランダモデルの光と影』**（岩波書店、二〇一二年）を参照されたい。失業者や低所得者に手厚い福祉国家のモデルであったオランダが、移民受け入れに対して厳しい施策をとるに至った背景が、ヴィヴィッドに描かれている。就労や政治参加の能力を、移民受け入れの条件とする、水島のいう「参加型社会」、これは決して「対岸の火事」ではない。

②フランス

フランスの移民問題については、多文化主義との関連で、宮島喬をはじめ、日本でも多くの研究蓄積がある。本書解説でも触れたように、フランスは、「孤立した、普遍的な、他者と類似した個人」相互の平等をベースとし、民族や宗教などの集団に見合う権利を与えることに消極的である。この事情については、**宮島喬編『移民の社会的統合と排除――問われるフランス的平等』**（東京大学出版会、二〇〇九年）所収の諸論文が手掛かりとなるであろう。さらに、パリ郊外に集住する移民の社会的排除をめぐっては、**森千香子『排除と抵抗の郊外――フランス〈移民〉集住地域の形成と変容』**（東京大学出版会、二〇一六年）をぜひ一読いただきたい。

③アメリカ

アメリカの移民政策、とくに不法移民対策は、一九八〇年代以降、主要な政治課題であった。近年までの事情については、**西山隆行『移民国家アメリカ』**（ちくま新書、二〇一六年）、**大沢秀介「移民と憲法問題――司法は移民規制についてどこまで判断できるか？」大沢秀介・大林啓吾編『アメリカの憲法問題と司法審査』**（成文堂、二〇一七年）第一章などをご覧いただきたい。

アメリカの移民受け入れは、いわば「伝統的」マイノリティであるアフリカン・アメリカン（黒人）の処遇との間に緊張関係を生ぜしめる。このことについては、**久保文明**

他編『マイノリティが変えるアメリカ政治――多民族社会の現状と将来』（NTT出版、二〇一二年）所収の諸論文が参考になる。

④日本

日本の入国管理政策の経緯と現状を踏まえるには、**明石純一『入国管理政策――「1990年体制」の成立と展開』（ナカニシヤ出版、二〇一〇年）**がもっとも有益である。日本が正規に労働移民の受け入れをはじめたのは、本書解説にもあるように二〇〇八年のことである。しかしその枠の外で、「研修生」「技能実習生」として受け入れられた外国人が、劣悪な労働環境の下、「搾取」されてきた。そのことについては、**安田浩一『ルポ　差別と貧困の外国人労働者』（光文社新書、二〇一〇年）**をご覧いただきたい。

二で紹介した谷口論文でも指摘されていることだが、移民を「文化」や「エスニシティ」により一枚岩的に捉えることは、彼らの社会的統合にとってマイナスになりかねない。われわれは移民のなかにある、また移民とホスト国社会を横断する、状況の多様性に目を向けなくてはならないし、法や政治が移民の統合のために何をなしえて何をなしえないのか、謙虚に考えるべきである。この点、埼玉県越谷市の南和寺に集う在日べトナム人から語り起こし、日本とウイグル、日本と中国、そして日本と台湾の「境界」に生きる人々の複雑な実相を描き出す、迫真のルポルタージュ、**安田峰俊『境界の民』（角川書店、二〇一五年）**を一読されることを、ぜひともお勧めしたい。

横濱竜也

座談会　危機の時代の移民論

横濱竜也×井上彰×谷口功一

移民（論）との出会い

横濱　移民論に向き合うに当たり、まずはお二人の基本的なスタンスを確認させてください。

井上　私は正義論、そのなかでも平等論に関心をもって研究してきました。これは『正義・平等・責任――平等主義的正義論の新たなる展開』（岩波書店、二〇一七年）に結実しています。この本でも触れたんですが、これまでの正義論、広く規範理論はある種の閉じた社会、すなわち閉鎖系を前提としてきました。それゆえ、そうした理論がボーダー

横濱竜也静岡大学教授

を開いたときにどういう議論構成となるのかが、今日の規範理論にとっての大きな課題です。私も最近はそういう関心の下で、移民正義論にも取り組んでいます。その際、重要なのは、実証的な議論と規範的な観点をどう接合するかということです。本書『不法移民はいつ〈不法〉でなくなるのか』も、そこがひとつの読みどころでしょう。

谷口　移民については、「郊外の多文化主義——「同胞」とは誰か」（『アステイオン』第八二号、二〇一五年）で扱いましたが、とても反響が大きかった。移民というと、どこか遠い外国の話のように思われがちだが、わが国でも既に見えにくい形ではあるが、現に存在しているということをまず知っておく必要があります。この論考では群馬県大泉町などの日系ブラジル人の存在に光を当てました。理論的な観点も大事だけど、私は、日本ではどうなっているのかという各論からはじめて、帰納するアプローチをとっています。そこは井上さんの演繹的手法とは反対かもしれない。

横濱　解説でも触れましたが、本書はボストン・レビューという雑誌に掲載された論考をもとにしたものです。カレンズが主論文を執筆して、それにアメリカの移民問題の研究者六人が応答する形をとっています。コンパクトでありながら移民（正義）論の基本的構成をあらかた網羅しているのが特長です。複雑に絡まった移民論を解きほぐす最良の入門書と言っていいでしょう。

井上　規範理論が空理空論に陥らずにどう社会や国家に向き合っていくか。そういう意味で、本書ではまさに規範理論と実証的議論の接合が大きな問題になっています。また、研修・技能実習制度だけでなく、留学と称して多くの外国人が就労目的で入国している日本にとっても、教えられるところが多い。

横濱　日本には不法在留者は二〇一三年時点で六万強います。アメリカの千百万という数字に比べると、少ないが、生活水準はアメリカよりも低いといわれている。この問題をこのまま放置していいわけがありません。

井上　この本の魅力ということでいうと、国連難民高等弁務官から典型的な保守派まで、さまざまな視点が一冊でカバーできるのも貴重です。

谷口　カレンズのこの本での魅力は、隙のある議論をしているところ。ガチガチに防御して絶対に批判はさせないぞ、というのではなくて、あえて話をわかりやすくしている。カレンズはもともと理想主義的な国境開放論者なんだけど、ここでは現実を踏まえてプラグマティックな議論を展開する。ある種、良心的だなと思いました。叩かれるのはわかっていて、あえて隙のある議論をしてるわけですね。それと、やっぱりタイムリーです。本書では、アメリカとメキシコの関係がクローズアップされているけれど、トランプ政権、そしてアメリカを見る上で大事な論点が詰まってる。

横濱　トランプ政権は最初は威勢がよかったが、不法移民を完全に追い出すというところにはなかなか行き着かない。そのあたりは、アメリカの移民法史の流れを押さえる必要がありますが、それは本書中でコンパクトにつかむことができます。

現実主義の陥穽

横濱　本書におけるカレンズの主張は極めて単純です。五年から七年、受け入れ国に居住しつづけた不法移民は合法化しなければならない、と。基本的には滞在した期間、すなわち時間が決める。移民法に反して入国したにもかかわらず、長く滞在すれば合法的な滞在資格が得られるという主張です。

井上　カレンズはここで自分の立論が、理想的な原理なり主張なりに全面的に従えない状況でのプラグマティックな現実論、つまり「非理想理論」だとして、基本的人権に訴える理論構成から自らの主張を切り離しています。ただ、本書でアレイニコフが呈した疑義とも関連しますが、不法移民が五年後に合法化されるという主張が基本的人権から引き出されないとすれば、その規範的な主張にどれほどの強度があるのか、受け入れ国はなぜそれを義務として履行しなければならないのかについて、どうしても疑問が残ります。カレンズは不法移民が社会で形づくる絆、すなわち「社会的メンバーシップ」が滞在期間の裏付けになるというが、なぜそういえるのかについては規範理論的に不透明な印象が拭えません。私が思うに、「非理想理論」が原理的議論を避ける隠れ蓑になっていて、合法化を支持する規範的根拠に関する議論の正当性が疑わしいものとなっています。関連して、カレンズが「理想理論」として展開した移動の自由に基づく開放国境論が、合法化の議論にどう関わってくるのかという問題もあります。それが「非理想理論」を打ち出したがために、効力を失ってしまう議論構成になっているように思います。果たしてそれでいいのか。本書でいうとボスニアックの嘆きと重なります。つまり、本書でのカレンズの議論は「理想理論」と「非理想理論」がうまくつながってないのではないか、という疑問がどうしても拭えないのです。

谷口　カレンズのそもそもの開放国境論についていうと、その大きな前提となっている移動の自由が基本的人権といえるのかどうか。より大きくいうと、この二十年、グローバル化が進行して、主権国家が溶解したなんて喧伝されてきたけど、果たしてそうなのか。私の見立てでは、主権国家はこれからも主体でありつづけます。むしろ、その再構築期に入っている。この立場からすると、開放国境論は認められないし、むしろ、本書でカレンズは開放国境論を取り下げて現実世界に近づいてきたという印象を受けました。まあカナダでオープンボーダーといっても、事実上は途上国から有能な人材を引き抜く「頭脳流出 brain drain」を引き起こしているわけで、とてもじゃないけど諸手を挙げて歓迎できるものではありません。それと、本書で展開されている「法的ファイヤーウォール」の実効性も疑問ですね。

横濱　「法的ファイヤーウォール」は、不法移民の基本権を保護するために各行政機関が集めた情報を移民規制目的で使えないようにするというアイデアです。たとえば、犯罪被害者や目撃者になって警察に行ったときに「お前、不法滞在だろ」といわれないようにしたり、救急医療が必要なときに不法移民であることで不利益を被らないようにするためのものです。

谷口　アイデアとしてはわかるけど、集めた情報を使わないというのはありえない。開放国境論から後退したカレンズの最後の良心の砦なんだろうけど、果たして現実的なのかどうか。ただ、五年で合法という主張は、刺激的で、ここは買いたい。勇気がいる発言です。

谷口功一首都大学東京教授

横濱　大きな問題提起だと思います。移民（正義）論は基本的人権から出発すべきなのか、それとも国家の移民規制から出発すべきなのか。とりわけ基本的人権といった場合に、そこに移動の自由は含まれるのか。開放国境論ないし世界正義論と、リベラル・ナショナリズムとのあいだの根深い係争点といえます。

「三％」対「九七％」？

横濱　ここからは正義論という角度から移民を考えたいと思います。現在の移民正義論の嚆矢はカレンズの開放国境論といっていいでしょう。それをきっかけにして、国境閉鎖を擁護するデイヴィッド・ミラーやクリストファー・ウェルマンといった論客が出てくる。この両極で議論が展開されてきたといえます。

井上　さきほど谷口さんもいわれてましたが、私も移動の自由に訴えるだけで国境開放論を正当化するのは難しいと思います。他方、ウェルマンが国家を含むあらゆる共同体のリベラルな正当化根拠となる結社の自由をより基底的な自由として扱っているのは、私は議論の筋としては悪くないと思います。ミラーが国境閉鎖を擁護する際には、公共的な共通文化に訴えるわけですが、ウェルマンはそうせず、結社の自由という、あくまでも形式的な自由に訴えます。文化的に顕著なものを保持する国だけが自決権をもつといった議論にはならない点で、今日における移民正義論の出発点となる議論だと思います。そのウェルマンが書いた最近の論考で興味深かったのは、「ロック的但し書き」、すなわち「共有物としての資源が他人にも充分かつ善きものが残されている」かどうかという所有権の成立条件に言及していることです〔C. H. Wellman, "Freedom of Movement and the Rights to Enter and Exit," S. Fine and L. Ypi (eds.), *Migration in Political Theory: The Ethics of Movement and Membership*, Oxford University Press, 2016, pp. 87-88.〕。結社による排他的な共有は必ず排除を伴うわけで、それでは排除が道徳的に許容されるのはどういう場合かというときに、問題は「ロック的但し書き」を充たせるかどうかだといっている。そういうかたちで分配的正義の問題が立ち現れるわけです。「ロック的但し書き」に照らせば、どれだけアウトサイダーに資源を残しておくか。逆に残せないなら、補償、つまり援助しなければならない。さきほどのカナダの事例ではないけれども、ただ国境を開放して移動の自由だというよりも、ボーダーを閉ざす分を国際援助で埋め合わせるほうが「選ばれた移民」になりえない最下層の人たちをも救うという点で、よほど人道的といえます。国境開放が常によりよき世界正義の義務を果たす術であるかといえば、そんなことはないわけです。

横濱　国際的な分配の不平等にどう対応するかというとき、移民受け入れと国家間の再分配のどちらにするかという問題が出てくる。前者は頭脳流出を伴い、後者は実現の見込みがないという状況下で、とりあえず移民受け入れと国際送金によって不平等を是正するというのが対症療法的にはいいといわれることが多いです。

井上　こういう議論は、二者択一では整理できない。開くか閉じるかではない。どういう条件ならどれくらいの移民を受け入れることができるのか、またどういう条件なら移民の排除が正義の観点から許容されるのか、粛々と話していく時代になっている。

谷口　移動と人権という観点からいうと、柄谷利恵子さんの『移動と生存——国境を越える人々の政治学』（岩波書店、二〇一六年）という本が興味深い。この本では、移動を実行する能力（「実行能力」）と移動先で適応する能力（「適応能力」）によって、人々を四つに分類する。第一の類型は、「主人」（実行能力＋、適応能力＋）。「ウォールストリートで働き、ナッソーで納税し、フィレンツェでヴァカンスを楽しみ、ドバイの親友と週末に競馬の賭をする」ような人たちです。第二の類型は、「従僕」（実行能力＋、適応能力－）。ケア労働に従事する女性移民家事労働者がこれにあたる。第三の類型は、「落伍者」（実行能力－、適応能力－）。途上国出身で国際養子縁組に出される乳幼児がこの本では挙げられてる。最後に第四の類型として、柄谷さんは名づけてないけど、「とどまりつづける人々」とでも呼ぶべき人たち（実行能力－、適応能力＋）がいる。この何らかの形で海外で暮す第一から第三の類型の人たちをあわせると、全世界で二億人。ただ、これは世界人口の三％にすぎない。圧倒的な多数は、「とどまりつづける人々」に分類される。この数字は大きな意味を持っていると思います。移民論はあくまでもこの三％の人たちのための議論だということは忘れちゃいけない。

移動・安全保障・統合――危機の時代の鍵概念

谷口　ヨーロッパは今たいへんなことになってます。多文化主義は破産したといっていい状態で、これはキャパシティを超える移民を受け入れた結果です。さきほど井上さんが「ロック的但し書き」に言及したけど、まさにキャパの問題で、いくら善意で受け入れるといっても物理的な限界がある。現在の難民危機という状況で開放国境を

井上彰東京大学准教授

主張するのは、私としては理解できない。移動の自由というけど、先の柄谷さんの分類を使うなら、移動の「主人」として振舞っている人と「従僕」や「落伍者」はわけて考えないといけない。また繰り返しになるけど、国境管理が重要なのは、「とどまりつづける」九七％の人たちを考慮しないといけないから、それは当然なんです。

井上　キャパシティが今ほんとうにどこまで限界に来ているのか。その見極めが大事になってます。最近の移民正義論も昔のように単純ではない。コントロールするならばどういう条件で許されるのかという議論がほとんどです。

谷口　移民だって、柄谷さんが指摘するように三類型いるわけで、誰をどこまで受け入れるのかという話を正面からしないとだめです。受け入れるか受け入れないかという0か1かの議論をいつまでしててもしょうがない。それが危機の時代の移民論の要諦です。

横濱　移民論は近年、「移民」とはいわず「移動」という言葉を使いますね。その際、

「移動」は「安全保障」とセットになっていることが多い。

谷口 テロの問題ですよね。九七%の「とどまりつづける人々」からすれば当然でしょう。それがさきほどの「法的ファイヤーウォール」の実効性の問題とリンクしてくる。

横濱 日本で現実的に移民受け入れは可能なのかということも今後の論点のひとつです。

谷口 唐突と思われるかもしれないが、中国の残留孤児が今どうなってるか。彼らが苦境に立たされているのは周知のことです。彼らですら再包摂できない国が移民や難民を受け入れられるとは到底思えない。日本に来ても就学義務もないわけだから。日系ブラジル人も困難な状態に置かれています。まだフランスのように統合しようとするほうがいい。繰り返しになるが、従来の多文化主義的な応援はもはや難しい。やはりどう統合するか、そこまで考えないと受け入れるとはいえないんじゃないか。

横濱 今日はありがとうございました。

二〇一七年八月二日

白水社編集部に於いて

訳者あとがき

志士の特徴の一つは、身辺の諸問題を些細の小事として軽蔑するところにある。これを捨てて顧みぬところにある。だが私は、この軽蔑されている小事のうちに深い意味を認めたいと思う。言うまでもなく、身辺の諸問題の主要なものは、吾々が生活する地域、吾々が労働する職場のうちに生ずる。これは自分の周囲の小天地の事柄である。それは人間が普通の感覚で捕え得る世界、直接的接触の世界の出来事であり、それだけに生々しい力を以て吾々に迫ってくる。……愛国者の空疎な大言壮語は、問題が天下国家のことであるからこそ通用して来たのである。ところが直接的接触の世界となると、生易しい観念や言葉では動かしようのない諸力がはっきり現われて来る。……

……今日では地域も職場も孤立したものではなく、日本の、世界の様々な力がその内部へ容赦なく入り込んで来る。……ただ私が強調したいのは、とかく無責任な態度で取扱われがちな壮大な問題を、回避を許さぬ、成否のよく判る、自己の責任と深く結びついた、この小さい世界で受けとめねばならぬというに尽きる。

（清水幾太郎『愛国心』ちくま学芸文庫、二〇一三年、一九六―二〇〇頁、強調横濱）

本書を翻訳している最中、時折念頭に浮かんだのは、清水幾太郎のこの一節であった。ナショナリズムはときにエスノセントリズムに陥る。そうならずにすむようにするためにはどうすればよいか。その処方箋の一つは、われわれが、天下国家を論じる「志士」たちの大言壮語に惑わされず、各々の「身辺の諸問題」を、寛容と平和的解決の方法とを学びながら、着実に処理していくことにこそある。清水はこのように説いたのであった。

まさに、われわれにとって、地域に住むことと働くこととは、身辺の小さい世界の、しかし生活の成否を分ける事柄である。そして移民正義論の根幹をなす問題の一つは、住むことと働くこととの関係だと、私は考えている。日々の生活に苦しむ途上国の人々にとって、先進諸国で就労することは、止むに止まれぬものでもあろう。そして、移民たちも、住処を必要とする。働くためには住まなければならない。移住先で安心して居住できることは、働くために不可欠な条件だ。しかし、受入国の国民にとっては、移民たちは、自らの居住環境や職場環境を、少なからず不安定にさせる存在であること、あるいはそう受け止められることが多い。住むことと働くことが「直接的接触」の世界に属するからこそ、受入国国民にとって移民の存在は大きな脅威と認識されうる。

本書の議論も、同じ問題に向き合っていると思われる。主に働く目的で不法に入国・滞在している移民でも、それなりに長い期間居住すれば、移住先に「直接的接触」の小世界ができ、「身辺の諸問題」が生じる。そのことこそ、カレンズが「社会的メンバーシップ」という言葉で言い表そうとしたものだろう。その「生易しい観念や言葉では動かしようのない諸力」こそ、カレンズが不法移民の滞在権を正当化する根拠であった。しかし、同じ力は受入国国民にも働いている。たとえばスウェインは、移民に小世界を奪われる受入国国民の存在に目を向けよ、と述べたのであった。では、どちらの言い分をきくべきなのだろうか。

本書の原著は、雑誌上の討論をまとめたものということもあり、七人の論者は、如上の移民正義の基本問題に対して、短く、簡潔明快に答えてくれている。移民正義論関係で日本語で手軽に読める文献が少ない現状ではなおのこと、本書のような小著が役に立つはずだ。そう考えて原著の訳出を行った。

小著ではあるが、本書の刊行にあたっては、多くの方にお世話になった。そのすべての方にここで感謝の念を記すことができないのは、申し訳ないところである。本書の成立過程でとくにお世話になった方のみ、御礼申し上げることにしたい。

谷口功一さんには、たいへんお世話になった。スナック研究会で、白水社の竹園さんを紹介してくださっただけでなく、訳文や解説についても詳細な教示をいただいた。さらに、座談会でも、きわめて重要な問題提起をしていただいた。本書は、谷口さん抜きには決して成り立たなかった。

座談会においでいただいた井上彰さんにも、御礼申し上げたい。わが国の政治哲学をリードする井上さんの指摘には、圧倒的な迫力があった。とくに、「国境を開くか閉じるか二者択一でなく、どれくらいの移民をどのように受け入れるべきか、粛々と話さなければならない」という言葉は、肝に銘じて、今後の移民正義研究を進めていく所存である。

服部麻理子さん（山口大学）には、彼女の科研費研究会で、解説のもととなる報告に、専門的見地から多くの教示をいただいただけでなく、訳文を一文一文チェックしていただいた。本書の内容が、無知や不注意による誤りを免れているとすれば、その多くは服部さんのおかげである。

学問上の甥っ子に当たる福原明雄さんにも、訳稿を読んでいただき、生硬になりがちな私の文章に適切なコメントを頂戴した。感謝申し上げる。

井上達夫先生には、前著の『遵法責務論』に続き、ご恩に感謝申し上げたい。私が移民正義を研究しはじめるそもそもの端緒は、大学四年生のとき先生のゼミを受講し、そのゼミレポートでナショナリズムを扱ったことにある。レポートは駄文以外の何物でもなかったが、その後ナショナリズムの規範的評価は、ずっと私の研究関心の底流にあった。本書の解説は、私なりのナショナリズム論への足掛かりでもある。二十数年経ってようやく原点に返る、歩みが遅い弟子を、励まし見守っていただいていることに、心から御礼申し上げたい。

白水社の竹園さんには、企画から刊行に至るまで、本づくりのありとあらゆることで、ほんとうにお世話になった。竹園さんの手腕なくして、本書が日の目を見ることはなかった。とくに、テーマの今日性を考えて、刊行スケジュールを前倒ししていただいたことには、どんなに感謝してもしきれない。学生の頃から憧れだった白水社から、竹園さんの下で、本書が刊行できることは、この上ない光栄であり幸せである。篤く御礼申し上げたい。

二〇一七年八月二十九日

横濱竜也

＊本書は、平成二十五年度二十一世紀文化学術財団学術奨励金「ナショナリズムの規範的政治理論構築――在日外国人の就労問題を手掛かりに」の研究成果の一部である。

小林薫（2009）「ドイツ移民政策における「統合の失敗」」『ヨーロッパ研究』（東京大学ドイツ・ヨーロッパ研究センター）第 8 号、119−139 頁。

独立行政法人労働政策研究・研修機構「主要国の外国人労働者受入れ動向：アメリカ」、http://www.jil.go.jp/foreign/labor_system/2015_01/usa.html。

東村紀子（2010）「サルコジ 2006 年移民法における『選ばれた移民』政策——新しい移民統合モデルと『制度化された移民政策』システムを求めて」『国際公共政策研究』（大阪大学）第 15 巻第 1 号、137-150 頁。

松元雅和（2015）『応用政治哲学——方法論の探究』風行社。

宮島喬（2009）「移民の社会的統合をめぐる問題・課題の現在」宮島喬編『移民の社会的統合と排除——問われるフランス的平等』東京大学出版会、1−12 頁。

森悠一郎（2016）「関係の対等性と正義——平等主義リベラリズムの再定位（一）」『法学協会雑誌』第 133 巻第 8 号、1041−1131 頁。

横濱竜也（2016）「移民正義論は何を考えるべきか——ウェルマンとコールの対論を手掛かりにして」『静岡大学法政研究』第 20 巻第 2 号、179−192 頁。

渡辺博明（2013）「スウェーデンの移民問題と政治」松尾秀哉・臼井陽一郎編『紛争と和解の政治学』ナカニシヤ出版、107−124 頁。

文　献

ANDERSON, Elizabeth (1999) "What Is the Point of Equality?" *Ethics* Vol.109 No.2, pp.287-337.

BOSNIAK, Linda (2014) "Amnesty in Immigration: Forgetting, Forgiving, Freedom", Phillip Cook and Jonathan Seglow eds. *The Margin of Citizenship*, Routledge, pp.26-47.

CARENS, Joseph (2013) *The Ethics of Immigration*, Oxford University Press.

MILLER, David (1995) *On Nationality*, Oxford University Press.

MILLER, David (2007) *National Responsibility and Global Justice*, Oxford University Press.

MILLER, David (2016) "Is There a Human Right to Immigrate?" Sarah Fine and Lea Ypi eds. *Migration in Political Theory: The Ethics of Movement and Membership*, Oxford University Press, pp.11-31.

PEVNICK, Ryan (2011) *Immigration and the Constraints of Justice: Between Open Borders and Absolute Sovereignty*, Cambridge University Press.

STEMPLOSKA, Zofia and SWIFT, Adam (2012) "Ideal and Nonideal Theory," Esrlund, David ed. *The Oxford Handbook of Political Philosophy*, Oxford University Press, pp.373-389.

U.S. Dert. Homeland Security (2012) "Yearbook of Immigration Statistics 2012", https://www.dhs.gov/immigration-statistics/yearbook/2012.

WELLMAN, Christopher Heath and COLE, Phillip (2011) *Debating the Ethics of Immigration: Is There a Right to Exclude?* Oxford University Press.

明石純一（2009）「「入管行政」から「移民政策」への転換――現代日本における外国人労働者政策の分析」日本比較政治学会編『国際移動の比較政治学』ミネルヴァ書房。

井上彰（2017）「解題――グローバル正義論に関する覚書」マリー・ドゥリュ＝ベラ『世界正義の時代――格差削減をあきらめない』（林昌宏訳）吉田書店、139−189 頁。

岸見太一（2014）「Ｊ．Ｈ．カレンズの移民の倫理学――政治理論における理想と現実の統合の一方法」『早稲田政治公法研究』第 105 号、17−33 頁。

能性をひらく、③家族呼寄せ手続の迅速化・規制強化、④国境警備の強化。

2014	**オバマ大統領、不法移民合法化の行政命令（President Action）** 合衆国市民と合法的移民の親（のうち、5年以上合衆国に滞在し、犯罪歴がなく、納税意思があり登録した者、約370万人）、若年層の移民（包括的移民改革法案②の条件に適合する者、約100万人）の退去強制留保、就労権保障。
2017	**トランプ大統領、不法移民を保護する「サンクチュアリ・シティ」への連邦資金の交付を停止する大統領令**

※西山隆行『移民大国アメリカ』（ちくま新書、2016年）、貴堂嘉之『アメリカ合衆国と中国人移民――歴史のなかの「移民国家」アメリカ』（名古屋大学出版会、2012年）、労働政策研究・研修機構「主要国の外国人労働者受入れ傾向：アメリカ」(http://www.jil.go.jp/foreign/labor_system/2015_01/usa.html)、「アメリカの移民政策」(http://www.jil.go.jp/foreign/labor_system/2004_11/america_01.html)、Federation for American Immigration Reform, "History of U.S. Immigration Laws"(http://www.fairus.org/facts/us_laws) などにより著者作成

1990	**1990 年移民法** ①家族呼寄せ枠、雇用枠のほかに多様化プログラム枠（これまで移民が少なかった国から抽選で移民受入れ）を導入、②H-1B ビザ（専門職の外国人への有効期限最高 3 年の就労ビザ）の導入。
1996	**不法移民改正及び移民責任法** 不法移民の社会保障サービス受給を連邦・州・地方すべてで禁止。
1996	**個人責任及び労働力改善法** 合法的移民の受給できる社会保障サービスを、滞在期間と就業形態により限定。
2002	**国土安全保障法** 2001 年 9 月 11 日のテロを受けて国土安全保障省設立、国境警備、入国管理の強化。
2007	**移民法改革法（Secure Borders, Economic Opportunity and Immigration Reform Act）案が頓挫** 法案の内容は、① 2007 年 1 月以前に不法入国した外国人滞在者の合法化（罰金と手数料の支払い、英語能力試験での成績、犯罪歴がないことが条件、ビザの有効期限は 8 年間）、②国境警備の強化、③合法的単純労働移民へのビザ再発給の規制強化。
2009	**アメリカ人労働者を雇用する法（Employ American Worker Act）** 外国人を雇用するために、米国籍を持つ労働者を解雇することを禁止。
2013	**包括的移民改革法（国境安全、経済機会、及び移民近代化法 Border Security, Economic Opportunity, and Immigration Modernization Act）案（通称、ギャング・オブ・エイト法案）、下院の共和党の反発で頓挫** 法案の内容は、①不法滞在状態にある外国人労働者の暫定的移民登録と、将来的な永住権付与の可能性をひらく、② 16 歳未満で渡米し高校卒業程度の学力を有する者に永住権を与える可

アメリカ移民法史年表

1875	**1875 年移民法（通称ページ法）** 「好ましからざる」中国人女性（売春婦）の入国規制。
1882	**排華移民法** ①中国人労働者の 10 年間の流入停止、②連邦・州裁判所による中国人の帰化禁止、③在米中国人の登録証保持義務（1943 年まで継続）。
1924	**1924 年移民法（通称ジョンソン・リード法）** ①出身国別の移民ビザ発給人数割当て（1890 年国勢調査時の出身国別人口の 2%）を導入（1965 年改正移民法まで）、②帰化不能外国人の移民全面禁止（1952 年の移民及び国籍法制定まで）。
1928	**1924 年移民法の出身国別割当の恒久化**
1952	**移民及び国籍法（通称マッカラン・ウォルター法）** 職業能力や家族関係に基づくビザ発給を初めて規定（現在まで継続）、労働市場テスト（雇用証明をビザ発給の必要条件とする）の導入。
1965	**改正移民法（1965 年移民法、通称ハート・セラー法）** 出身国別移民ビザ割当てを撤廃、年間移民受入数は、東半球で 17 万人、西半球で 12 万人、ビザ発給における人種、性別、国籍、出生地、居住地に基づく差別の禁止、家族再結合原則の規定。
1986	**移民改革統制法（通称、新移民法あるいはシンプソン・マゾーリ法）** ① 5 年以上不法滞在している外国人（約 300 万人）の合法化、②国境警備の強化、③不法滞在者の雇用・求人に対する罰則規定、④一時的農業労働者の合法的入国資格の設定。

訳者略歴
横濱竜也（よこはま・たつや）
一九七〇年生まれ。東京大学大学院法学政治学研究科博士課程修了。博士（法学）。現在、静岡大学学術院人文社会科学領域教授。専門は法哲学。著書に『遵法責務論』（弘文堂）、『逞しきリベラリストとその批判者たち』（共著、ナカニシヤ出版）、『日本の夜の公共圏』（共著、白水社）他。

不法移民はいつ〈不法〉でなくなるのか
滞在時間から滞在権へ

二〇一七年九月一五日　印刷
二〇一七年一〇月五日　発行

著　者　ジョセフ・カレンズ
訳　者 © 横　濱　竜　也
発行者　及　川　直　志
印刷所　株式会社　三　秀　舎
発行所　株式会社　白　水　社

東京都千代田区神田小川町三の二四
電話　営業部 〇三(三二九一)七八一一
　　　編集部 〇三(三二九一)七八二一
振替　〇〇一九〇-五-三三二二八
郵便番号　一〇一-〇〇五二
http://www.hakusuisha.co.jp

乱丁・落丁本は、送料小社負担にてお取り替えいたします。

誠製本株式会社

ISBN978-4-560-09581-2

Printed in Japan

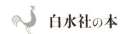

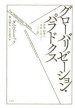

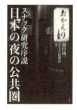

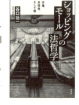